창업가의 일

창업가의 일

스타트업,
유니콘이거나 혹은
바퀴벌레이거나

2017년 7월 12일 초판 1쇄 발행
2022년 5월 10일 초판 7쇄 발행

지은이 임정민
펴낸이 김은경
펴낸곳 ㈜북스톤
주소 서울특별시 성동구 연무장7길 11, 8층
대표전화 02-6463-7000
팩스 02-6499-1706
이메일 info@book-stone.co.kr
출판등록 2015년 1월 2일 제2018-000078호

ISBN 979-11-87289-19-7 (03320)

• 이 책의 국립중앙도서관 출판예정도서목록(CIP)은 서지정보유통지원시스템 홈페이지(http://seoji.nl.go.kr)와 국가자료공동목록시스템(http://www.nl.go.kr/kolisnet)에서 이용하실 수 있습니다.(CIP제어번호: CIP2017015214)
• 책값은 뒤표지에 있습니다. 잘못된 책은 구입처에서 바꿔드립니다.

북스톤은 세상에 오래 남는 책을 만들고자 합니다. 이에 동참을 원하는 독자 여러분의 아이디어와 원고를 기다리고 있습니다. 책으로 엮기를 원하는 기획이나 원고가 있으신 분은 연락처와 함께 이메일 info@book-stone.co.kr로 보내주세요. 돌에 새기듯, 오래 남는 지혜를 전하는 데 힘쓰겠습니다.

창업가의 일

스타트업,
유니콘이거나 혹은
바퀴벌레이거나

임정민 지음

차례

3장.

시장과 경쟁

4장.

창업가의 일

5장.

스타트업의 투자유치

6장.

거꾸로 하는 스타트업 실무

7장.

창업가가 풀어야 할 문제

머리말

1999년 스탠퍼드 대학에 등교한 첫날은 내 인생이 바뀐 날이다. 인류가 겪어본 가장 큰 테크 버블이 정점에 달해 있었고, 학교 주변 실리콘밸리의 공기에는 스타트업 바이러스가 가득했다. 야후와 구글처럼 엄청나게 성공한 스타트업이 이때 생겼고, 웹밴Webvan과 같은 드라마틱한 실패도 있었다.

나는 공학 석사를 마치자마자 나스닥 상장을 앞둔 잘나가는 스타트업에 올라탔다. 실리콘밸리에서 흔히 볼 수 있는 여느 스타트업처럼, 학교에서 같이 공부한 친구들과 오라클이나 선마이크로시스템스에서 온 엄청난 경력의 천재들이 섞여 일하는 곳이었다. 얼마 지나지 않아 나스닥에 상장한 그 스타트업은 계속 성장할 것

같았고, 나는 곧 스톡옵션으로 큰 돈을 벌 것만 같았다.

하지만 불과 1년도 지나지 않아 닷컴버블이 꺼지면서 실리콘밸리의 테크 회사들에 혹독한 시련이 닥쳤다. 연이어 터진 9·11 테러는 어둡고 긴 경제불황을 확실하게 알리는 사건이 되었다.

내게도 시련이 닥쳤다. 나는 첫 직장에서 정리해고를 당하고 여러 달 동안 백수로 지내며 앞으로 내 인생을 어떻게 살 것인지 고민했다. 내가 내린 결론은 간단했다. 회사가 내 인생을 결정하는 것이 아니라, 내가 회사의 인생을 결정하는 사람이 되겠다는 것이었다. 멋진 은퇴를 꿈꾸며 하기 싫은 일을 수십 년씩 하기보다는 지금 내가 하고 싶은 일을 시작하고 수십 년 동안 그렇게 일하기를 원했다. 나는 주저 없이 다시 스타트업에 들어갔다. 이번에는 직원이 10여 명에 불과한 작은 스타트업을 골랐다. 운이 좋았던지, 그곳에서 나는 존경할 만한 훌륭한 보스이자 멘토를 만났고, 그 회사는 2006년 HP에 1억 6000만 달러에 매각되었다.

스탠퍼드에서의 첫날 이후 나는 정리해고된 말단직원에서 성공한 벤처기업의 초기 멤버로, 벤처캐피털리스트에서 창업가로, 그리고 또 구글에서 스타트업을 지원하는 일을 맡으면서 거의 20년째 스타트업의 롤러코스터를 타고 있지만, 여전히 스탠퍼드 대학에서 맞은 첫날의 열정과 에너지를 잊을 수 없다.

나는 창업가들을 많이 만난다. 창업가들과 나누는 대화는 즐겁다. 내 주변에는 깜짝 놀랄 만한 아이디어와 실행력, 유머와 긍정의 에너지를 가진 사람들이 있고, 그들과 함께 일하는 것이 즐겁다. 그런데 그들과 대화를 나누다 보니 대부분 창업가들이 같은 것을 묻거나 비슷한 고민을 하고 있다는 사실을 알게 되었다. 자신의 아이디어가 좋은지, 제품개발은 어떻게 해야 하는지, 갑자기 매출과 회사규모가 성장하기 시작하는데 어떻게 대처해야 하는지, 공동창업자 혹은 직원과의 갈등은 어떻게 해결해야 하는지, 어디서 투자를 받아야 하는지, 어떤 투자자에게서 투자받아야 하는지, 심지어 회사가 어려워 정리해고를 해야겠는데 어떻게 하는지 등.

내가 창업가들에게 답을 해줄 수 있는 이유는 이런 어려움의 대부분을 직접 겪었기 때문이다. 스타트업은 어지러움 그 자체다. 지난 20년 동안 스타트업을 경험하면서 얻은 결론은, 창업이란 잘 정리된 이론이나 경영학 교과서로 배울 수 있는 것이 아니라는 사실이다. 많은 사람이 성공한 스타트업은 남다른 아이디어에서 시작되었고, 밤낮없이 고생하며 일한 창업자 한 명이 일궈낸 결과물이라 소개하지만 현실의 스타트업 스토리는 그렇지 않은 경우가 많았다. 오히려 처음에는 훌륭해 보였던 아이디어가 수십 번 실패하고, 여러 번 피보팅pivoting하고, 투자유치에 실패하고, 공동창업자들이 싸우고, 그러면서 어려움들을 이겨내고 성공을 만들어내는 이야기를 수도 없이 들었다. 진지하게 연구실에서 나온 기술로 성실하게 일해서 성공한 벤처도 있었지만, 그보다는 학교를 중퇴한 문제아들이 게임이나 해킹에 빠져서 우연히 발견한 것들을 큰 사업으로 발전시킨 경우도 많이 봤다. 내가 만난 창업가 중에는 밤 9시에 출근해서 아침 7시에 퇴근하는 팀도 있었고, 이렇다 할 사무실은 없지만 전 세계 멋진 해변과 도시를 찾아다니며 일하는 팀도 있었다. 푸스볼 테이블과 미끄럼틀, 킥보드와 온갖 장난감들로 가득한 사무실에서 일하는 건지 노는 건지 알 수 없는 애매한 경계 속에서 세상을 바꾸는 아이디어가 나오기도 했다.

2000년 숀 패닝Shawn Fanning과 숀 파커Sean Parker가 만든 냅스터Napster는 디지털음원을 온라인으로 누구나 교환할 수 있게 만들어서 인터넷 시대에 음악을 소비하는 방법을 바꿔놓았다. 하지만 곧이은 소송에 패하면서 2001년 서비스를 접어야 했다. 이제 냅스터를 기억하는 이는 별로 없지만, 모든 사람들이 간편하게 스마트폰을 통해 손쉽게 음악을 즐기는 세상이 되었다. 2005년 온라인데이팅 서비스로 시작했던 유튜브는 동영상 서비스로 대박이 났고, 창업한 지 불과 18개월 만에 약 2조 원 가치로 구글에 인수되었다. 전 세계 여행자를 대상으로 숙박중개를 하는 에어비앤비

Airbnb는 호텔방 하나 없지만, 힐튼과 하얏트 호텔그룹을 합친 것보다 더 높은 기업가치를 인정받고 있다.[1] 우버Uber 역시 택시 한 대 없이 전 세계 주요 도시에서 많은 사람들이 편리하게 이동하는 교통서비스를 제공하고 있다. 엘론 머스크Elon Musk처럼 화성으로 가는 로켓을 개발하는 곳도 있고, 친구와 재미있는 동영상을 주고받을 수 있는 (그리고 저절로 영상이 사라져버리는!) 스냅챗Snapchat과 같은 '카메라 회사'도 있다.[2] 스타트업은 이처럼 떠들썩하고 정신없이 빠르게 바뀌며 드라마틱하게 성공(혹은 실패)하기도 한다.

이 책에서 나는 창업가들의 성공 스토리나 성공으로 가기 위한 방법을 말하기보다는, 그들이 가진 생각과 고민, 놀이와 문화를 이야기하고 싶었다. 창업가들뿐 아니라 그들의 가족과 친구들, 학교 교수와 정부의 정책입안자들이 창업가들을 좀 더 이해하게 함으로써 스타트업하기 더 좋은 사회를 만드는 데 도움을 주고 싶었다. 무엇보다 창업가들이 문득 궁금해질 때, 답답할 때, 아니면 잠시 쉴 때 펼쳐서 읽어보고 영감을 받는 책으로 만들고 싶었다.

창업가들에게 도움이 되길 바란다.

1장.

창업가의 조건

나는 창업가일까?

"이루지 못할 꿈은 없어. 네가 작다고 꿈까지 작지는 않은 거야."
– 가이 가네, 영화 〈터보〉 중
"No dream is too big. No dreamer is too small."
– Guy Gagne, from the movie 〈Turbo〉

누구나 한 번쯤은 번뜩이는 아이디어를 떠올리고는 자신만의 창업을 꿈꾼다. 정말 좋아하는 것이 생겼을 때, 불편한 것을 더 편하게 만들고 싶을 때, 또는 더 좋은 세상을 만들겠다는 사명감이 있을 때 당장이라도 창업을 해서 그 일에 몰두하고 싶을 것이다. (미안하지만, 단지 큰 돈을 벌고 싶어서 창업하고 싶다면 이 책이 그리 도움이 되지 않을 테니 당장 덮고 돈 벌러 나가시면 되겠다.)

하지만 정작 창업을 실행에 옮기기란 쉽지 않다. 지금 다니던 학교나 직장을 그만두고 창업하는 사람은 극히 소수에 불과하다. 당장 월급이 나오지 않으면 어떻게 살지, 부모님이나 애인에게는 어떻게 말해야 할지, 내 아이디어가 시장에서 통할지, 여러 가지 걱정들에 가로막혀 결국 머릿속 생각으로만 끝나기 마련이다. 그러고는 나중에 신문이나 광고에서 비슷한 아이디어로 성공한 사람을 보았을 때, '아! 저거 내가 먼저 생각한 건데!'라며 아쉬운 소리만 한다.

나는 왜 창업을 하기 힘들까? 내가 창업하면 성공할까?

다행히 내가 창업가로 가능성이 있는지 간단하게 알아보는 방법이 있다. 아래 질문에 답해보자. '그렇다'는 1점, '아니다'는 0점이다.

창업가 자질평가 Entrepreneurship Quantification

___ 나는 사업하고 싶은 아이디어가 있다.

___ 나는 월급을 못 받아도 어떻게든 살아갈 수 있을 것 같다.

___ 그동안 모은 저축을 모두 사업자금으로 쓸 용의가 있다.

___ 나는 늘 하던 일보다는 새로운 일을 하는 것이 즐겁다.

___ 나는 계획하는 것보다 실행하는 게 좋다.

___ 나와 함께 창업할 친구나 동료가 한 명 이상 있다.

___ 학교 성적이 잘 나오지 않아도 그리 좌절하지 않는다.

___ 나는 남들에게 무시당해도 별로 실망하지 않는다.

___ 나는 다른 사람들을 잘 관찰하고 의미를 찾는 편이다.

___ 나는 남의 말을 귀담아 듣는 편이다.

자, 위 항목들에 답변했다면 점수를 합산해서 다음 결과를 보자.

9점 이상 : 지금 당장 창업하세요!

당신은 현실에 만족하지 않고, 당장의 안정적인 삶보다는 더 나은 미래를 꿈꾸는 사람이다. 리스크를 즐기며 다른 사람들의 고통에 공감하고, 그 문제를 해결하기 위해 노력하는 사람이다. 다른 사람을 관찰하고, 조언을 귀담아 들으며, 현재 가진 자원만으로도 바로 창업을 실행에 옮기는 사람이다. 아이디어와 팀이 있다면 지금 당장 창업하기를 바란다.

5~8점 : 창업동아리, 사내벤처, 또는 다른 스타트업에서 먼저 경험해보고 시작해도 늦지 않을 듯

창업에 관심이 많고, 이미 많은 것을 공부한 사람이다. 다만 자신만의 아이디어를 맹신하기보다는 다른 사람들을 관찰하고, 주변의 성공사례와 실패사례를 통해 좀 더 경험해볼 필요가 있다. 어쩌면 리스크가 불안하고, 실패에 대한 두려움 때문에 쉽게 실행에 옮기지 못하는 것일지도 모르겠다. 혼자 다 짊어지고 어렵게 가기보다는 주변의 뛰어난 창업가와 함께하거나 사내벤처나 스타트업의 초기 직원으로 시작해보길 권한다.

5점 미만 : 창업은 다음 생에

아쉽지만 스스로 창업하는 것보다는 회사에 취직하거나, 학교에 가거나 혹은 공무원이 더 적성에 맞겠다. 스타트업은 다음 생에 하는 걸로. 하지만 실망할 필요는 없다. 창업가정신은 당신이 무슨 일을 하건 모든 일에 적용될 수 있고, 굉장히 중요하다. 대기업에서도 충분히 의미 있는 일을 할 수 있고, 다음 세대를 가르치거나 나라의 일을 하는 것도 매우 가치 있는 일이다. 다만, 과거를 답습하거나 현실에 안주하기보다는 항상 '창업가정신'이 무엇인지 관심을 갖고 지금 하는 일을 10배 더 개선한다면 성공적인 커리어를 만들어갈 수 있다는 점을 잊지 말자. 의사, 교수, 운동선수, 공무원 등 다양한 일을 하는 사람들 중에서도 창업가정신으로 자신의 분야에서 큰 성과를 낸 사람들이 많다.

어떤 사람은 실망했을지도 모르겠다. 이 평가는 객관적인 근거가 있거나 미래를 예측하는 것은 아니니 너무 걱정하지 말자. 하지만, 이제부터 내가 왜 이런 질문을 하는지 들어보기 바란다.

가난은 스타트업의 경쟁력

"가난은 혁신을 부른다."
– 제프 베조스, 아마존 창업자
"Frugality drives innovation."
– Jeff Bezos, Founder of Amazon

창업을 하려면 돈이 필요하다. 하지만 돈이 없어서 창업을 못 했다는 말은 변명거리도 안 된다. 스티브 잡스는 열두 살 때 주파수 계수기를 만들기 위해 HP 창업자인 빌 휴렛에게 전화해서 남는 부품을 달라고 요청했다. 잡스와 워즈니악이 처음 만든 애플1은 엄청난 투자를 받아 큰 공장에서 만든 것이 아니라, 여기저기 발품을 팔아 어렵게 구한 부품들로 허름한 차고에서 손수 납땜질해서 만든 제품이었다. 배달의민족 창업자 김봉진은 골목 음식점들의 정보를 얻기 위해 웹에 있는 정보를 일일이 모바일에 옮겨 담았고, 역삼동 골목길을 다니며 버려진 전단지를 줍는 일도 마다하지 않았다.

스타트업 A는 투자자들에게 피칭할 때 10억 원을 투자받으면 인재를 채용하고 마케팅비를 더 쓰겠다고 말한다. 하지만 몇 달이 지나지 않아, 다른 경쟁사가 20억 원을 투자받아 더 적극적으로 마케팅 캠페인을 벌이는 것을 보게 된다. 이 스타트업 A는 곧 투자자에게 달려가 추가로 20억 원을 더 투자해주면 더욱 공격적인 마케팅을 해서 시장 1위를 지킬 수 있을 것이라 말한다. 하지만 얼마 후 대기업이 새로 시작한 100억 원짜리 마케팅 캠페인에 처참히 당하고 만다.

무엇이 잘못된 걸까? 스타트업의 경쟁력은 누가 돈을 더 많이 쓰느냐에서 나오는 것이 아니다. 스타트업이 가질 수 있는 경쟁력은 더 많은 투자금, 더 많은 인원, 더 많은 마케팅 예산이 아니다. 만약 이런 요소들이 직접적으로 성공의 요인이 된다면 돈과 인력에서 앞서는 대기업이 무조건 시장에서 이겨야 한다. 하지만 현실은 그렇지 않다.

스타트업의 경쟁력은 오히려 돈을 적게 쓰는 데에서 나온다. 경쟁사가 더 많은 인원과 더 많은 마케팅비로 당신 회사를 이기는 것은 쉽다. 하지만 당신 회사가 제조원가를 경쟁사의 1/10로 유지하고, 마케팅비로 0원을 쓰면서도 고객 획득에 성공한다면 경쟁사는 당신을 이길 방법을 찾기가 쉽지 않을 것이다. 그것이 스타트업이 가져야 할 경쟁우위다.

2017년 가을, 울산에서 창업한 대학생 스타트업 '페달링'의 창업가 공대선은 공동창업가 3명과 함께 힘든 시기를 보내고 있었다. 입시준비생과 대학생 과외선생님을 연결해주는 서비스였는데 운영이 어려워졌다. 회사에는 겨우 한두 달 버틸 돈만 남아 있었고, 스스로의 미션이 무엇인지도 혼란에 빠졌다. 그들은 회사 문을 닫기 전 마지막으로 새로운 사업을 찾아 나섰다. 그들이 잘하고 있는 것과 시장의 요구사항을 분석해 대략 10가지가 넘는 실험을 설계했다. 그중에는 아이돌봄 서비스도 있었고, 마스터클래스처럼 일반인들이 전문가로부터 배울 수 있는 서비스도 있었다. 촉박한 시간, 그리고 바닥이 드러나기 시작하는 통장 잔고 때문에 제대로 된 MVP도 만들 시간이 없었다. 대신 서비스 내용을 설명하는 페이스북 광고를 돌리고, 이를 통해 들어온 사용자들이 서비스 신청을 하는 간단한 랜딩페이지를 만들었다. 그리고 광고를 보고 온 사람들이 사이트에 신청할 때마다 자동으로 휴대폰에 알람이 오도록 설정했다. 얼마 후, 바로 그 알람이 오기 시작했다. 창업자들이 배고픔을 채우려 잠시 밥 먹는 동안 알람이 오는 빈도가 더 잦아

졌고, 무슨 일인지 궁금해진 창업가들은 서둘러 일어나 사무실로 들어왔다. 데이터를 자세히 들여다본 창업가들은 사람들이 사진 찍기, 그림 그리기 같은 소소한 기술들을 배우고 싶어 한다는 것을 알았다.

페달링 창업가들은 재빨리 베타테스트 앱을 만들기 시작했다. 하지만 콘텐츠가 문제였다. 아직 제대로 된 클래스를 만들지 못해서 우선 유튜브에 있는 커피 내리기 콘텐츠를 앱에 넣었다. 원두 고르기, 원두 갈기, 필터 세팅하는 법, 물 내리기 등을 골라 초보자도 쉽게 커피 내리는 법을 배울 수 있도록 배열했다. 이즈음 앱 이름도 페달링이 아니라 클래스101로 바꿨다.

이렇게 만든 베타테스트 앱은 꽤 인기를 끌었다. 다운로드도 늘어났고, 클래스를 더 개설해달라는 요구도 늘었다.

사용자들의 반응을 확인한 창업자들은 정식 서비스를 론칭하기로 했다. 그러려면 진짜 콘텐츠가 필요했다. 창업가들은 온갖 지인들을 동원해, 뭔가를 가르칠 수 있는 전문가를 찾아다니기 시작했다. 곧 독특한 여권사진으로 이름이 알려지기 시작한 사진작가 시현을 알게 되었고, 집에서 키우는 강아지나 고양이의 증명사진 찍는 법 수업을 만들었다.

2018년 이른 봄, 창업가들은 시현 작가의 커리큘럼과 영상을 만들고 정식서비스를 론칭했다. 첫 번째 수업을 올린 후 불과 한 달도 되지 않아, 곧 클래스101 수업의 입소문이 퍼졌다. 매출이 나기 시작했고, 뒤이어 오픈한 그림 그리기, 손뜨개질, 케이크 만들기 수업들도 인기를 얻었다. 이렇게 시작한 클래스101은 불과 1년여 만에 누적매출액 100억 원을 넘기고, 유명 벤처캐피털로부터 100억 원이 넘는 투자를 유치했다.

자본이 없다는 것은 스타트업이 가진 가장 큰 축복이다. 한정된 자원은 창업가를 천재로 만든다.

린 스타트업

제품이나 비즈니스 모델을 최소한의 비용으로 최대한 빨리 개발하는 개발방법론을 말한다. 시장에 대한 가정을 정의하고 최소기능제품MVP, Minimum Viable Product을 만들어 테스트를 반복하는 과정을 포함한다. 에릭 리스Eric Ries의 책 《린 스타트업Lean Startup》을 읽어보기를 권한다.

위험은 내 친구

"모든 게 문제없다는 말은 조금 더 빨리 달릴 수 있다는 뜻이다."
– 마리오 앙드레띠, 카레이서
"If you have everything under control, you're not moving fast enough."
– Mario Andretti, Car racer

"안정적인 직장을 버리고 왜 위험한 창업을 하나요?"

내가 가장 많이 듣는 질문 중 하나다. 나는 이 질문이 틀렸다고 생각한다. 첫째, 이 세상에 '안정적'인 직장이 존재하던가? 매일 접하는 뉴스에서 경제위기, 정리해고, 명예퇴직, 치솟는 실업률 이야기가 들리지 않는 날이 없다. 어느 날 정리해고를 당하거나, 설령 그렇지 않다 해도 지난 몇 년간 공들인 프로젝트가 외부 환경의 변화로 느닷없이 취소되고 다른 부서로 발령나는 일은 언제든 일어날 수 있다. 또한 국가의 중요한 정책이나 규제가 바뀌어서 영향

받는 경우를 보았다면, 리스크는 사방에 존재한다는 사실을 깨닫게 된다.

아무리 대기업이라 하더라도 안정적인 직장이란 없다. 결코 망하지 않을 것 같던 노키아Nokia와 코닥Kodak의 사례를 보라. 한때 휴대폰 시장점유율 50%를 넘긴 노키아는 불과 몇 년 만에 애플의 아이폰과 구글의 안드로이드 OS에 시장을 내주고 휴대폰 사업을 저가에 매각하고 말았다.[3] 130년이 넘도록 카메라필름 시장에서 1위를 고수하던 코닥은 디지털로 변하는 시장의 흐름을 읽지 못하고 2012년 파산신청을 하고 말았다.[4] 세상은 점점 더 빨리 변하고, 변화에 적응하지 못하는 것이야말로 가장 큰 리스크다.

앞의 질문에서 두 번째 잘못된 점은 '창업이 위험하다'는 전제다.

물론 스타트업의 성공확률은 낮다. 스타트업이 공개시장 상장이나 성공적인 M&A를 경험하는 확률은 3%에도 못 미친다. 나머지 스타트업들은 아주 미약한 성장을 하거나, 실패한다.

하지만 성공확률이 낮다는 것이 상대적으로 리스크가 더 크다는 것을 의미하지는 않는다. 대기업을 다니거나 안정적인 공무원이라 해도, 전문직인 의사나 변호사라 하더라도 많은 리스크를 감수해야 한다. 여기서 중요한 것은 리스크란 '미래의 불확실성'이지,

암울한 미래 자체를 말하는 것은 아니라는 점이다. 몇 달 뒤에 우리 회사 은행잔고가 바닥난다는 사실을 아는 것은 리스크가 아니다. 당장 내일 망할 수도 있다는 걸 모르는 것이 리스크다. 오히려 여섯 달 뒤에 은행잔고가 바닥을 보이고 우리 회사가 망한다는 사실을 분명히 알고 있다면 복 받은 것이다. 최소한 그렇게 망하지 않기 위해 지금 당장 대처방안을 세우고 뭐라도 할 수 있으니까. 진정한 리스크란 가까운 미래에 내가 속한 조직이 어떻게 변할지 모르고, 내가 하는 일이 어떻게 변할지 모르는 것이다.

그런 면에서 스타트업이 반드시 대기업에 비해 리스크가 크다고 할 수는 없다. 오히려 더 투명한 정보와 의사결정, 빠른 실행력이 큰 경쟁력으로 작용한다. 스타트업은 다가오는 리스크(불확실한 미래)에 더 빠르게 대응할 수 있다는 점에서 덜 위험하다고 할 수 있다.

물론 현명하게 리스크를 감수하는 것과 무모한 투자는 완전히 다른 이야기다. 공동창업자들이 견딜 수 있는 만큼 시간과 자원을 투자하며, 최소한의 자원으로 최대한의 실험을 해서 제품시장적합성Product-market fit을 찾아가는 것, 그리고 이 결과를 통해 투자자를 설득하거나 매출로 연결하는 전략을 세우는 것은 현명한 리스크

대처법이다. 반면 무모한 창업가는 자신의 근거 없는 믿음만을 맹신하며 집 담보대출과 사채까지 동원해 극도로 낮은 성공확률에 베팅한다.

공동창업자

"왓슨, 하늘을 보고 뭐가 보이는지 말해주게."
– 셜록 홈즈
"*Watson, look up at the sky and tell me what you see.*"
– *Sherlock Holmes*

회사company라는 말 자체가 '여러 사람이 모인다'는 뜻이다. 아이디어는 한 사람의 머릿속에서 시작되지만, 그것이 영향력 있는 비즈니스로 발전하기 위해서는 많은 사람들이 당신의 아이디어에 공감해야 한다. 한 명의 공동창업자부터 시작해 첫 번째 직원, 첫 번째 투자자, 그리고 마침내 돈을 지불할 첫 번째 고객까지, 당신의 아이디어에 공감하는 사람을 늘려가야 한다. 당신의 아이디어에 공감하는 사람이 1억 명쯤 되면 당신의 스타트업은 다음 번 구글, 애플, 페이스북이 될 가능성이 높다.

HP, 내셔널세미컨덕터National Semiconductor, 구글, 애플, 페이팔Paypal, 유튜브, 페이스북 모두 두 명 이상의 공동창업자가 있었다. 서로 같은 아이디어와 비전을 가지고 회사를 설립했지만, 또 각자 다른 능력으로 회사의 발전에 기여했다. 정말 스타트업을 하고 싶다면, 책상에 앉아 수십 페이지짜리 프레젠테이션 슬라이드를 만드는 것보다 지금 당장 내 아이디어에 공감하고 더 발전적인 의견을 내줄 공동창업자를 찾으러 다니는 편이 훨씬 낫다.

운과 때

"달링, 운은 준비된 사람에게만 오는 거야."
– 에드나, 영화 〈인크레더블〉 중에서
"Darling, Luck favors the prepared."
– Edna 'E' Mode, from the movie 〈The Incredibles〉

흔히 운이 중요하다는 말을 할 때 '운칠기삼運七技三'이라 한다.

스타트업은 '운칠복삼運七福三'이다. 그만큼 행운과 타고난 복이 중요하다는 말이다. 그렇다고 열심히 하지 말라는 얘기가 아니다. 스타트업은 누구나 열심히 한다. 밤낮 없이, 때로는 주말과 휴가도 반납하고 성공을 위해 일한다. 나는 열심히 하지 않는 스타트업을 본 적이 없다. 그렇기에 정말 때가 되어 운과 복이 왔을 때 올라탈 수 있도록 항상 준비되어 있어야 한다. 찰나의 차이로 누구는 그 '운'과 '때'를 타서 성공하고, 누구는 그렇지 못한다.

2012년 여름, 가수 싸이가 부른 '강남스타일'은 느닷없이 전 세계에서 모르는 사람이 없는 노래가 되었다. 싸이의 뮤직비디오는 유튜브에 올린 지 6개월이 지나지 않아 10억 명 넘는 사람이 시청했다. 어린아이, 할머니, 뉴욕의 셀러브리티부터 남미 어느 골목길에 있는 상인까지, '강남스타일'은 전 세계 모든 사람들이 따라 부르는 노래가 되었다. 하지만 과연 싸이가 정말 느닷없이 세계적인 팝스타가 된 것일까? 싸이는 '강남스타일' 발표 당시 이미 데뷔 12년차에 공식앨범만 18개를 넘게 발표한 중견가수였다. 만약 싸이가 식어가는 인기에 좌절하고 앨범을 낼 때마다 줄어드는 판매량[5]에 실망해서 작곡과 노래연습을 게을리했다면 어땠을까? 어떻게 하면 자신의 팬들과 더 많이 소통할 수 있을지 10여 년 동안 고민해오지 않았다면 유튜브라는 새로운 기회를 잡을 수 있었을까?

1996년 닷컴 광풍이 한참일 때 웹밴Webvan이라는 스타트업이 나타났다. 온라인으로 신선한 식료품을 주문하면 집까지 배달해주는 서비스였다. 얼마 지나지 않아 세콰이어캐피털, 벤치마크캐피털, 소프트뱅크 등 유명한 실리콘밸리의 투자자들이 4억 달러가 넘는 액수를 투자했고, 1999년에는 무려 5조 원이 넘는 가치로 상장까지 했다. 하지만 많은 이들의 기대와 달리 웹밴은 2001년 파산신청을 하며 실리콘밸리 닷컴버블의 상징으로 남게 되었다. 웹밴이 성장하기에는 아직 인터넷이 보편화되지 않았던 것이 파산의 주된 이유였다. 미국에서는 회사의 예상보다 훨씬 늦은 2005년 즈음에야 인터넷 보급률이 50%를 넘어섰으므로, 1999년은 인터넷으로 신선한 식료품을 주문 배달해주는 서비스를 하기에는 너무 이른 때였다.[6]

그 후로도 수많은 온라인 식료품 배달 서비스가 나왔다 사라지곤 했다. (일부는 아직까지 서비스를 하고 있긴 하다.) 2007년 아마존은 아마존프레시AmazonFresh라는 온라인 식료품 배달 서비스를 시애틀 일부 지역 등에 제한적으로 시작했다. 이후 천천히 서비스 가능지역을 늘려 2016년까지 미국 내 9개 주요 도시와 런던에서 서비스하고 있다.[7]

그러다 아마존의 직원이었던 아푸바 메타Apoorva Mehta가 2012년 인스타카트Instacart라는 모바일 기반 식료품 배달앱을 만들어서 크게 인기를 끌었다. 인스타카트의 성공은 스마트폰 보급과 밀접한 관련이 있다고 추정해볼 수 있다. 이즈음에야 스마트폰 보급률과 공유경제, 전자상거래를 위한 데이터 및 편리한 모바일 결제 등 필요한 기술과 시장환경이 무르익었던 것이다. 인스타카트는 창업한 지 3년 만에 미국 내 15개 도시에서 서비스하며 기업가치 2조

원이 넘는 유니콘으로 성장했다.[8]

스타트업의 성공에는 운과 때가 절대적으로 중요하다. 하지만 때를 잘 맞추는 것도 실력이다. 단순히 기다리는 것을 넘어 그 타이밍이 언제 올지 예측하고, 때가 왔을 때 올라탈 수 있도록 항상 주위를 살피고, 스스로 통찰력을 기르도록 노력해야 한다. 계속된 실패에도 다시 시도할 수 있어야 하며, 마침내 모든 운이 내 주위로 모여들 때 남들보다 10배 더 전진할 수 있어야 한다.

괴짜와 창업가

"저항군은 희망을 딛고 일어선다."
– 영화 〈스타워즈 로그 원〉 중에서
"Rebellions are built on hope."
– 〈*Star Wars Rogue One*〉

스티브 잡스가 사무실에서 맨발로 다닌다거나 애플 컴퓨터 개발 당시 폰트는 큰 문제가 아니라고 말한 직원을 즉각 해고해버린 일화는 유명하다. 스티브 잡스의 기행과 편집증은 함께 일하는 많은 이들을 힘들게 했다.

스티브 잡스처럼 완벽함과 디테일에 대한 편집증을 겪는 창업가뿐 아니라, 다른 종류의 질병을 앓는 창업가들도 많다. 버진 그룹의 리처드 브랜슨Richard Branson, 이케아IKEA 창업자 잉바르 캄프라드Ingvar Kamprad, 제트블루JetBlue 창업자 데이비드 닐먼David

Neeleman 등 많은 창업가들이 주의력결핍과잉행동장애ADHD를 겪고 있다.

이런 것들은 창업가로 성공하는 데 방해가 되지 않는다. 오히려 일부에서는 ADHD의 특성이 창업가의 성공에 도움이 될 수도 있다고 말한다.[9] 더 큰 리스크에 집착한다든지, 특정 주제에 놀랄 만큼 몰입해 집중한다든지, 특유의 창의력 덕분에 여타 사람들과는 차원이 다른 수준의 성과를 달성할 수 있다는 이론이다.

창업가는 세상이 정해놓은 규칙을 새롭게 해석하고 재정의한다. '9시 출근, 6시 퇴근'과 같은 기본적인 규칙에도 "왜?"라고 반문하며 다른 방법은 없는지 생각한다. 나는 고등학교 시절 화학에 몰두해서 하루 종일 실험실에서 시간을 보냈다. 다른 수업에는 별다른 관심이 없었다. 오로지 화학실험실에 널려 있는 온갖 약품과 실험기구들만이 내가 관심을 갖는 세상이었다. 더 정확하게 말하자면 폭발물을 만드는 데 미쳐 있었다. 책에서 배운 공식대로 여러 종류의 폭발물을 만들어 제대로 성공했을 때의 희열은 십대 소년이 감당하기 벅찬 수준이었다. 몇 번은 폭발 때문에 화재가 나 소화기를 터뜨려야 했고, 그 후부터 소화기는 항상 손 닿는 곳에 준비해두었다. 언젠가는 작정하고 만든 고체폭탄이 생각보다 더 크게 폭발해서 학교 건물이 지진이 난 것처럼 떨리기도 했다. (물론 안전하게 운동장에 묻어두고 폭발시켜서 아무도 다치지는 않았다. 나름대로의 지하실험이었다고나 할까.) 하지만 그 사건으로 나는 교장선생님께 불려갔고, 급기야 아버지까지 호출당해 교장선생님 면담을 해야 했다.

2008년 블로그 서비스를 개발하던 '태터앤컴퍼니'를 구글에 매각하고, 2013년 탭조이에 매각한 모바일데이터 분석회사 '파이브락스'를 창업한 노정석은 대학 시절 공부는 뒷전이고 해킹에만 몰두하던 문제학생이었다. 카이스트와 포항공대의 대학동아리 사이에 벌어졌던 해킹 싸움인 '사과전쟁'으로 고발당해 구치소까지 갔다올 정도로 학교와 부모님의 근심거리였다. 하지만 이후 초기 멤버로 참여한 보안회사가 상장하고, 이후 창업한 두 개의 스타트업을 각각 구글과 탭조이에 매각하는 성공을 거둔 후 티몬, 미미박스, 다노 등 이름 좀 들어본 한국의 스타트업에 투자하면서 성공적인 엔젤투자자가 되었다. 이러한 성공의 배경에는 남들이 해보지 않은 다양한 경험과 기술이 깔려 있음이 분명하다.

창업가는 한 가지에 광기 어릴 정도로 몰두한다. 창업가 김동신은 서울대 재학 시절 게임에 미쳐서 프로게이머가 된 경우다. 그는 게임을 하다 자신의 재능을 깨닫고 프로로 전향한 후 1년 만에 국내 1위, 세계 3위에 올랐다. 대한민국에서 자신보다 게임을 잘하는 사람이 없다는 사실을 알게 된 후에는, 대학 졸업과 동시에 엔씨소프트를 다니다 게임회사 '파프리카랩'을 창업하여 일본 게임회사에 매각했다. 이후 또 '센드버드'라는 스타트업을 창업했고, 이 회사는 국내 스타트업 사상 두 번째로 와이콤비네이터Y Combinator에 선정되어 실리콘밸리로 갔다. 현재는 기업가치 1조 원이 넘는 유니콘으로 인정받고 있다.

온라인 만화방인 레진코믹스의 공동창업자 권정혁은 만화방 주인 아들이다. 어렸을 때부터 하루 종일 만화를 봤고, 만화방에 온 손님들이 어떤 만화를 좋아하는지 기억해두었다가 새로 들어온 만화를 추천해주었다. 어른이 되어서도 만화를 좋아했는데, 결국 더 좋은 만화를 소개하고 만화 덕후 고객들에게 제대로 된 추천을 해주는 레진코믹스를 공동창업했다. 레진코믹스는 2016년 약 390억 원의 매출을 냈다.[10]

창업가는 언제나 자신의 존재 이유를 찾는다. 자존감이 높으며 어떤 상황에도 세상을 위해 자신이 할 일을 찾는다. 자존감이 낮은 사람은 사무실에서 쓰레기 청소를 할 때 "내가 왜 이런 일을 해야 하지?"라며 스스로 자존심을 지키려 하지만, 자존감이 높은 사람은 남을 위해 쓰레기 치우는 일쯤은 아무렇지도 않다고 생각한다. 오히려 그런 일을 함으로써 더 자신의 존재 이유를 찾는 사람들이다.

'멋쟁이사자처럼'을 이끌고 있는 이두희는 서울대 컴퓨터공학과 박사 중퇴생이다. 흔히 천재 해커라고 알고 있지만, 그가 대학에 입학했을 때에는 친구들에 비해 턱없이 부족한 컴퓨터 프로그래밍 실력에 자신감을 잃고 방황했다. 하지만 수강시간표, 교수평가 사이트 등을 직접 만들어보면서 코딩의 '의미'를 깨달았고, 몇 줄짜리 코드로 세상을 더 쉽고 편하게 만들 수 있다는 데 흥미를 갖게 되었다. 서울대 재학 시절 학교 학생정보시스템의 보안 문제를 해결하려다 배우 김태희의 사진을 해킹하는 사건으로 유명세를 타기도 했다. 그 후에는 '울트라캡숑'이라는 스타트업을 창업했는데, 팀원들과의 불화로 자신이 만든 회사에서 쫓겨나는 일도 겪었다.

그러한 경험을 한 후 자신이 찾은 코딩의 의미를 주변 친구들과 후배들에게 가르치고자 '멋쟁이사자처럼'을 시작했다. 멋쟁이사자처럼은 컴퓨터공학을 배운 적 없는 비전공 학생들에게 단기로 코딩을 가르치는 수업이었는데, 처음에는 대학교 캠퍼스에 붙인 포스터를 보고 찾아온 20명가량의 학생들에게 그가 직접 강의하는 것으로 시작했다. 이듬해에는 그 수가 180명으로 늘었고, 그다음 해에는 500명 넘는 학생들이 참가했다. 코딩교육을 받은 졸업생들은 취업 준비생들이 자기소개서 쓰는 법을 공부하는 '자소설닷컴', 아마추어 축구 데이터 분석을 하는 '비프로Bepro', 온라인으로 해외송금을 하는 '센트비Sentbee' 등 수십 개의 스타트업을 만들기도 했다. 멋쟁이사자처럼은 2016년 비영리법인으로 전환해 그해 열린 구글임팩트챌린지에서 우승했다. 이렇게 이두희는 스스로 컴맹 수준이라 여기고 방황하던 컴퓨터공학과 학생에서 창업가로, 그리고 전 세계 사람들을 대상으로 코딩교육을 진행하는 비영리재단 리더로 변신했다.

창업가는 자신의 아이디어를 공개하고 남들과 소통하기를 좋아한다. 성공한 창업가 중에 사업 아이디어를 자신의 수첩에만 적어두고 남들과 공유하지 않는 사람은 보지 못했다. 그들은 언제나 아이디어를 공유하고 토론하고 더 나은 방법을 찾으려고 노력하는 사람들이다. 사무용 메신저 '슬랙Slack'으로 알려진 같은 이름의 스타트업은 무려 4조 원이 넘는 기업가치로 액셀파트너스Accel Partners, 구글벤처스 등으로부터 투자받았다. 하지만 슬랙이 처음부터 이 서비스로 성공한 것은 아니었다. 처음에는 '글리치Glitch' 라는 웹에서 즐기는 게임을 만들었는데, 원대한 계획과 달리 실패로 돌아갔다. 이 게임을 만든 '타이니스펙Tiny Speck(나중에 사명을 슬랙으로 바꾸었다)'의 창업자 스튜어트 버터필드Stewart Butterfield는 게임을 접으면서 그동안 개발했던 소스코드와 그래픽 이미지들을 인터넷에 올려두고 모두에게 공개하는 통 큰 인심을 썼다. 비록 그가 만든 게임은 실패했지만, 개발과정에서 만들어진 높은 품질의 코드와 그래픽 이미지들은 전 세계 많은 개발자들에게 큰 도움이 되었다. 슬랙은 원래 게임을 개발할 당시 사내에서 쓰려고 자체 개발했던 협업도구였다. 게임사업에 실패한 후, 자금이 거의 남아 있지 않은 상황에서 스튜어트는 슬랙을 제품으로 만들어 세상에 공개했고, 많은 기업들이 사내 커뮤니케이션과 협업도구로 슬랙을 채택했다.

창업가 연습

"나는 항상 뭔가 새로 시도할 것이 없나 찾아보고 스스로 발전시키기를 멈추지 않는다."
– 배리 본즈, 야구선수
"I never stop looking for things to try and make myself better."
– Barry Bonds, Baseball player

안데르스 에릭슨Anders Ericsson과 말콤 글래드웰Malcolm Gladwell은 각자 자신의 연구에서 '1만 시간의 법칙'을 이야기했다. 어떤 사람이 전문가가 되려면 1만 시간(거의 10년) 동안 연습해야 한다는 법칙이다. 피아니스트 조성진은 열 살 때부터 피아노 연습에 몰두해 22세에 쇼팽 콩쿠르에서 우승하며 세계적 거장의 반열에 올랐다. 에릭슨은 성공한 음악가와 예술가뿐 아니라 모스 부호로 통신을 하는 통신원들도 10년 동안 수련해야 어느 정도 숙련된 전문가가 된다고 밝혔다.

하지만 창업가들은 연습할 환경도 시간도 없다. 창업에 연습이란 없기 때문이다. 이는 다른 직업에 비해 절대적으로 불리한 조건이다. 교사, 회계사, 변호사, 의사, 운동선수 모두 10년 넘는 시간 동안 학교에서 공부하고, 실습하고 또 연습하는 시간을 가진다. 배우는 동안에는 실수를 많이 해도 되고, 조금 뒤처져도 다시 만회할 기회가 있다. 다양한 경쟁을 통해 서로의 실력을 비교해보면서 내가 어느 정도 성취했는지 측정할 수도 있다.

창업가들은 어떻게 준비하는가?

스타트업을 창업해본 경험이 없다면 우선 필요한 경험을 잘게 쪼개서 해볼 수는 있다. 학생이라면 먼저 창업이나 경영 관련 동아리와 클럽, 학회에서 경험해볼 수 있다. 창업동아리에서는 작은 창업을 직간접적으로 많이 경험할 수 있다. 실패에 대한 리스크도 상대적으로 작은 편이다. 당장 안 좋은 학점을 받고, 조금의 금전적 손실을 보더라도 너무 크게 실망하지 말기를. 그때는 정말 큰 시련 같지만, 지나고 보면 인생에는 훨씬 더 큰 시련들이 많이 온다. 학생 때 창업했다는 사실만으로도 꽤 많은 것을 배울 수 있다. 창업을 함으로써 남들이 갖지 못한 수준의 지식과 경험, 전문분야에 대한 이해와 통찰을 쌓는 것이 큰 이익이다. 다만, 창업을 멋으로 여기면 안 된다.

회사에 다니는 직장인이라면 마케팅이나 디자인팀, 개발팀 등 다른 팀 사람들과 함께 일하면서 성공적인 제품을 출시하거나 운영 경험을 쌓도록 노력해야 한다. 조직 내에서 일어나는 다양한 일들에 대해서도 유심히 살펴보아야 한다. 다른 사람들이 어떻게 대응하는지 의식적으로 관찰하고 연구하면 큰 도움이 된다. 예를 들어 회사의 인사부서가 인재 채용을 위해 어떤 전략을 세우고 어떤 활동을 하는지, 채용과정은 어떻고 왜 그렇게 정해졌는지 등에 대해서도 동료와 대화하면서 이해해두면 좋다. 홍보팀에서는 어떤 전략을 가지고 있는지, 위기 상황이 닥쳤을 때 경영진이 어떻게 대응하는지, 나라면 어떻게 수습했을지 생각해보면서 나만의 학습을 할 수 있다. 특히 채용과 해고는 직접 경험할 기회가 적으므로 만약 이런 경험이 있는 창업가라면 복 받은 것이다.

내가 소프트뱅크벤처스에서 투자심사역으로 일할 당시에는 사장님, 부사장님 곁에서 일하면서 그들이 여러 가지 중요한 의사결정을 어떻게 내리는지 유심히 지켜볼 기회가 많았다. 투자회사의 장점은 투자해둔 수십 개의 회사들에서 일어나는 다양한 일들에 대해 결정해야 할 사안이 많다는 점이다. 투자해둔 스타트업들의 해외 진출, 신제품 개발, 주요 임원의 채용과 해고, 회사가 어려울 경우 정리해고와 심지어 청산까지, 일반 직장에서는 좀처럼 겪기 어려운 일들을 몇 년 만에 압축적으로 경험할 수 있다. 그리고 스타트업 창업가들의 복잡한 고민을 함께하면서 그들이 어떤 사고 과정을 거쳐 의사결정을 하는지, 그 결과가 무엇인지 경험하게 된다. 예를 들면, 공동창업자들 사이에 다툼이 생겼을 때 어떻게 해결하는 것이 최선일지 의논하는 과정에서 나는 경험 많은 분들의 의견과 대처를 생생하게 배울 수 있었다.

지금 당장 창업할 준비가 되어 있지 않다면 다른 스타트업에 들어가서 일하는 것도 좋다.

2001년, 나는 휴대폰 소프트웨어를 만드는 실리콘밸리의 한 스타트업에 초기 직원으로 들어갔다. 나는 열 몇 번째 직원이었고, 회사 내 유일한 한국 사람이었다. 우리가 개발한 기술은 네트워크 장비의 펌웨어firmware를 항상 최신으로 유지시키는 업데이트 기술이었는데, 신규시장을 개척하기 위해 셋톱박스, 게임콘솔 등 여러 시장을 연구하고 있었다. 그런데 어느 날 사장님과 경영진은 우리가 가진 기술을 휴대폰 시장에 적용하는 방안에 대해 개발진과 진지한 토론을 했다. 당시는 '스마트폰'이라는 단어도 없던 시절이었고, 무선통신망도 아직 2G여서 우리 기술이 원활하게 작동하기에는 느리고 불안정한 상태였다. 그때 나는 기술을 쉽게 적용할 수 있고 시장규모도 큰 셋톱박스와 게임콘솔 시장을 포기하고 아직 거의 존재하지도 않는 휴대폰 시장에 왜 회사의 모든 개발인력을 투입해야 하는지 쉽게 이해하지 못했다. 하지만 2006년 회사는 HP에 무려 1억 6000만 달러라는 높은 가치에 매각되면서 성공적으로 엑시트exit하게 되었다. 그 과정에서 회사는 100명이 훨씬 넘는 규모로 성장했고 나는 어린 나이에도 자연스럽게 회사 내에서 개발과 영업 등 꽤 중요한 업무를 수행하며 굉장히 많은 것들을 배울 수 있었다. 그때는 작은 것 하나라도 오랜 시간 고민하고 계산해야 했지만, 그런 경험들 덕분에 나중에 창업했을 때 상대적으로 쉽게 결정하고 집행할 수 있게 되었다.

스타트업이라고 하면 흔히 갓 대학교에 들어간 스냅백 모자와 후드 차림의 어린 학생들이 모여서 이해하지 못할 제품을 개발하는 장면을 상상하곤 한다. 하지만 실제 실리콘밸리에서 성공하는 창업가들의 많은 수가 30대 이상이다. 아마존 창업자 제프 베조스는 30세에, 엘론 머스크는 스페이스XSpaceX를 31세에 창업했다. 링크드인LinkedIn을 창업한 리드 호프먼Reid Hoffman은 창업 당시 35세였다. 2016년 조사한 한국의 스타트업 생태계 보고서[11]에 따르면 서울의 스타트업 창업가 평균 연령은 36세였다. (30대 창업가가 50%, 20대가 18%였다.) 대다수는 창업하기 전 평균 5년 이상 관련 분야에서 업무 경험을 쌓은 이들이었다.

흔히 창업가는 어느 날 번뜩이는 아이디어가 떠올라서 갑자기 회사를 그만두고 창업한 뒤 벼락성공을 한 영웅처럼 묘사되지만, 실제로는 (의도적이든 아니든) 매 순간의 경험들을 배움의 기회로 삼아 머릿속에서 정리하면서 끊임없이 주의 깊은 연습을 한 사람들이다. 이런 연습 기회가 많았거나 경험이 독특했던 사람일수록 성공할 확률이 높다.

스타트업을 하면 안 되는 이유

"돈에 맞춰 일하면 직업이고, 돈을 넘어 일하면 소명이다. 직업으로 일하면 월급을 받고, 소명으로 일하면 선물을 받는다." – 백범 김구

스타트업을 하면 안 되는 이유도 있다.

첫째, 일확천금을 꿈꾸며 스타트업을 창업하는 경우. 미안하지만 돈을 버는 다른 빠른 길을 찾아보길 권한다. 스타트업은 성공하면 큰돈과 명예가 따라오긴 하지만, 그건 부수적인 것이지 그 자체를 스타트업을 하기 위한 목적으로 삼으면 위험하다. 지금보다 더 궁핍한 생활을 견뎌야 하는 '죽음의 계곡'에 다다를 테고, 당신뿐 아니라 팀원들도 그 고통을 나눠야 할지 모르며, 실패하면 지금보다 더 가난한 생활을 하게 될지도 모른다. 성공하더라도 자기가 가

진 돈에 만족하지 못하거나 행복에 무감각해질지도 모르며, 갑자기 생긴 돈 때문에 공동창업자나 팀원들과 사이가 나빠질지도 모른다. (대부분의 경우는 그렇다.) 돈은 그냥 숫자에 불과하다. 그것을 객관적으로 보지 못하면 일을 그르치기 쉽다.

둘째, 직장 상사가 너무 괴롭혀서 당장이라도 회사를 때려치우는 경우. 미안하다. 창업하면 더 많은 괴로움이 기다리고 있다.

셋째, 멋져 보여서. 정말 위험한 발상이다. 뉴스에 나오는 엘론 머스크, 마크 저커버그처럼 멋진 모습을 꿈꾼다면 스타트업은 당신의 길이 아니다. 누구나 창업하면 '대표님' 칭호를 듣고 잠시 기분이 좋아지곤 한다. 하지만 그 외 99% 시간에는 아마 다른 사람들의 무시와 더불어 자존감이 떨어지는 경험을 하게 될 것이다. 고객과 거래처는 언제나 갑이고, 은행에서는 신용도가 낮다며 신용카드 발급을 거부한다. 사람들은 들어본 적 없는 내 스타트업에는 관심도 없을 테고, 심지어 사기꾼 취급을 당할 수도 있다. 스타트업 창업가란, 성공하기 전에는 아무도 나의 존재에 대해 모르는 직업이다.

2장.

스타트업과 아이디어

아이디어는 시작일 뿐

"누군가의 행동이 없다면 세상은 여전히 아이디어만 가득할 것이다."
– 조지 도리엇, 현대 벤처캐피털의 창시자
"*Without actions, the world would still be an idea.*"
– *George Doriot*

모든 것은 작은 발견에서 시작한다. 시장의 문제를 파악하고 그것을 창의적으로 해결할 아이디어가 필요하다. 당신에게 지금 이런 아이디어가 있다면 +1점. (단지 1점뿐이다. 아이디어 하나로 더 많은 점수를 바랐다면 꿈 깨시길.)

처음 창업하는 창업가들은 아이디어에 대해 많이 이야기한다. 자신의 아이디어가 유일하거나 최초라고 생각하고 아이디어에 집착하곤 한다.

중요한 것은 아이디어가 성공을 위한 충분조건도, 나아가 필요

조건도 아니라는 점이다. 나는 많은 창업가들, 스타트업들이 아이디어에서 그치는 경우를 자주 본다. 또 아이디어만 믿고 있다가 비슷한 아이디어를 가진 경쟁자에게 밀리고 나서야 뒤늦게 특허 소송을 하네 마네 하면서 에너지를 쓰는 경우도 많다. 아이디어는 시작을 위한 조건이지, 성공을 위한 조건은 아니다.

어느 날, 투자상담을 하기 위해 두 명의 창업가와 연속으로 약속을 잡은 적이 있다. 이들은 전혀 모르는 사람들이었고, 심지어 각각 다른 나라에서 온 창업가였다. 둘 다 전자상거래에 필요한 결제 관련 기술을 설명했는데 굉장히 독특한 아이디어였다. 하지만 다른 나라에서 온 생면부지의 두 사람이 설명한 아이디어는 놀랄 만큼 똑같았다. 이들 모두 나에게 비밀유지협약을 요구했고, 자신만의 독창적인 아이디어임을 강조하며 특허출원 중이라고 덧붙였다. 나는 비밀유지협약에 서명하지는 않았지만, 그래도 직업윤리상 두 사람에게 "다른 사람이 이미 이 아이디어를 개발하고 있다"고 말해줄 수는 없었다. 사실 투자자에게는 이런 일이 빈번하게 일어난다. 벤처투자를 하다 보면 비슷한 아이디어를 가진 창업가를 자주 만난다.

세상에 단 하나뿐인 사업 아이디어란 없다. 아무리 독특한 아이디어라 하더라도 세상 어딘가에는 똑같은 아이디어를 가진 사람이 있다는 사실을 받아들여야 한다. 당연히 대기업이나 다른 스타트업이 내 아이디어와 비슷한 기술이나 제품을 개발해서 시장에 내놓을 수 있다. 이때는 특허소송이나 상표권 분쟁소송을 해도 소용이 없다. 나중에 분쟁에서 승소한다 한들 이미 시간은 몇 년이 흘렀을 테고, 시장은 변해서 내 제품이 더 이상 매력적이지 않을 수도 있다. 아이디어의 독창성으로 승부할 수 있는 경우는 별로 없다. (내 경험으로는 소재와 바이오 쪽 정도가 그나마 지적재산권으로 경쟁해볼 수 있는 분야다.) 내 아이디어가 사업으로 성공하려면 아이디어 말고도 디자인, 생산방법과 원가, 마케팅, 유통 등 많은 부분에서 남들이 따라올 수 없는 경쟁력을 갖춰야 한다. 이런 것들을 생각하지 않고 나중에 다른 회사가 내 아이디어를 베꼈다고 아무리 하소연해봐야 이미 때는 늦다.

지금도 많은 사람들이 나에게 자기 아이디어를 열성적으로 설명하려 한다. 하지만 99%는 아이디어만 있고 실행이 어렵다. 실행이 어려운 이유 중 대부분은 사람이 없어서다. 공동창업자, 개발자, 디자이너, 마케터, 데이터 분석가 등 함께 사업을 성장시켜갈 동료가 없으면 아이디어는 거기서 그치고 만다.

심지어 아이디어가 없어도 된다. 시장을 주의 깊게 관찰하고, 독특한 시각으로 문제를 파악하며, 창의적으로 문제를 해결하는 능력이 있다면 지금 당장은 아이디어가 없어도 된다. 여러 번의 실험과 개선으로 더 나은 아이디어와 통찰력을 얻을 수 있는 역량이 가장 중요하다. 대부분의 성공한 스타트업은 기존의 아이디어를 베끼거나 개선해서 성공했다는 사실을 잊지 말라. 애플이 아이팟을 만들었을 때 이미 세상에는 수백 종류의 MP3 플레이어가 있었다.

관찰하고 공감하기

"밖으로 나가면 찾을 수 있을 거야."
– 엘리, 영화 〈업〉 중에서
"*You just have to step out there to find it.*"
– *Ellie, from the movie 〈UP〉*

모든 아이디어는 작은 발견에서 시작된다. 골목길의 여러 식당들 중에서 왜 특정 식당만 잘되는지는 누구나 궁금해하는 주제다. 음식이 맛있어서일 수도 있고, 인테리어가 예뻐서, 또는 뭔가 재미있는 스토리가 있어서일지도 모른다. 어쨌거나 사람들은 그 식당이 잘되는 이유를 알고 싶어 한다.

스티브 잡스가 제록스 연구소에서 연구원들이 개발한 마우스를 보고 그것을 상용화할 아이디어를 얻었다는 일화는 유명하다. 관찰하는 습관은 어느 날 갑자기 만들어지지 않는다. 여러 달, 여러

해 동안 끈질기게 관찰하고 자신만의 데이터베이스를 쌓아야 자신만의 통찰력이 길러진다. 아마 스티브 잡스가 평소에 자신의 컴퓨터를 살 고객들의 행동패턴을 유심히 관찰하지 않았다면 제록스 연구소의 마우스를 세상에 내놓지 못했을지도 모른다.

나는 2000년대 중반 온라인게임에 투자할 때 시장흐름을 알기 위해 PC방을 무던히 다녔다. 내 책상 위에는 유명 연구기관에서 낸 다양한 시장조사 보고서가 있었지만, 내가 궁금한 것의 절반만 채워줄 뿐 미래를 내다볼 통찰력을 주기에는 부족했다. 나는 길을 가다가도 PC방이 보이면 무턱대고 문을 열고 들어가서 손님들이 하고 있는 게임을 관찰하고 숫자를 기록했다. FPS게임 몇 개, RPG 게임 몇 개, 스포츠게임 몇 개, 남자 손님 몇 명, 여자 손님 몇 명, 나이대는 대략 어떤지 적어나가는 식이었다. 이런 일을 일주일에도 몇 번씩 몇 년간 하다 보면 큰 흐름과 변화가 보이는 순간이 온다.

지금도 나는 버스나 지하철 같은 대중교통을 자주 이용하면서 사람들의 행동패턴을 유심히 관찰한다. 다들 휴대폰을 뚫어져라 보고 있는데 도대체 그것으로 무엇을 하는지, 어떤 게임을 하는지, 어떤 메신저를 쓰는지, 페이스북이 많은지, 인스타그램에는 무슨 사진을 올리는지, 남녀/나이대 별로는 어떻게 다른지 관찰하려 애쓴다. 예를 들면, 월요일 아침 출근시간에는 〈SNL〉 같은 주말에

놓친 영상을 보는 사람이 많은데, 수요일 이후에는 게임을 하는 사람이 훨씬 많아진다는 사실을 알게 된다. 이런 것은 객관적인 연구보고서를 찾기 어렵기 때문에 실제로 지하철에서 오랜 기간 관찰하지 않으면 알 수 없다. 연구보고서는 좌뇌의 궁금증을 채우고, 관찰습관은 우뇌의 궁금증을 채운다.

'서울스토어'는 수십 명의 인스타그램 셀러브리티와 300만 명의 팔로워를 거느린, 이를 통해 패셔너블한 여성 의류와 소품을 파는 인기 있는 인스타그램 쇼핑사이트다. 2012년 런던 올림픽이 한창이던 때 창업가 윤반석과 나는 서로 사무실이 가깝다는 이유만으로 가로수길 예쁜 카페에서 자주 커피를 마셨다. 사실 보통 남자 직장인이라면 봄날 오후에 한가롭게 가로수길 카페에 앉아 수다를 떨기가 쉽지 않았을 테지만, 우리에게는 가로수길 스타트업 창업가로서 누릴 수 있는 특권이었다. 그 시간은 서로의 고민과 사업 아이디어를 마음껏 이야기할 수 있는 열띤 일의 연장이었다. 어느 날, 우리는 가로수길에 오는 젊은 여성들이 부쩍 인스타그램을 많이 본다는 사실을 발견했다. 물론 시장보고서와 여러 데이터 지표를 통해서도 인스타그램의 트래픽이 많이 오르고 있다는 사실은 알고 있었지만, 구체적으로 사람들이 무엇을 보는지, 어떤 감정을 느끼고 어떤 행동을 하는지 유심히 관찰했다.

그 무렵 패션 스타들 못지않게 옷을 잘 입고, 패션 추천을 잘하는 인스타그램 스타들이 나오기 시작했다. 이들은 하나같이 수십만 명에 달하는 팔로워를 가진 인플루언서들이었고, 이들이 입는 옷은 금세 소문나서 많은 사람들이 구매하기도 했다. 윤반석과 나는 곧 이들의 행동을 자연스럽게 비즈니스로 만들 수 있을 거라 생각했다. 그는 당시 이미 몇 개의 소셜네트워크서비스를 만들어본 경험이 있었기에, 인스타그램 셀러브리티들이 패션 상품을 소개하고 브랜드와 셀러브리티 모두가 돈을 벌 수 있는 비즈니스 모델을 개발하는 데 자신이 있었다. 2015년 서울스토어가 라이브[12]되고, 불과 2년 만에 매일 4만 명이 보고 쇼핑하는 서비스가 되었다.

세계적인 디자인 기업 아이디오IDEO의 공동창업자 톰 켈리Tom Kelly는 창업가에게 '다른 사람을 관찰하고 공감하는 능력'이 가장 중요하다고 말한다. 세계적인 칫솔회사 오랄비Oral-B가 IDEO에 어린이용 칫솔 디자인을 해달라는 컨설팅 의뢰를 했을 때, IDEO의 팀은 어린이들이 어떻게 이를 닦는지 관찰해야겠다고 제안했다. "사람들이 칫솔질을 어떻게 하는지는 보지 않아도 누구나 다 아는 사실 아닌가요?" 오랄비의 임원진은 의아해했다. 일부는 톰 켈리가 쓸데없는 짓을 한다고도 생각했다. 더구나 오랄비는 수십년 동안 칫솔만 연구해오던 회사 아닌가! 하지만 IDEO의 팀이 미국의 가정에서 평범한 어린이들이 칫솔질하는 모습을 자세히 관찰한 결과, 놀라운 사실을 발견했다. 손가락을 자유롭게 쓰는 어른들과 달리 어린이들은 가늘고 잘 미끄러지는 칫솔을 제대로 잡는 것조차 어려워했다. 어린이들은 손가락으로 칫솔을 잡는 대신, 주먹 쥐듯이 손바닥으로 칫솔을 움켜잡고 겨우 칫솔질을 했다. IDEO 팀은 어린이들이 쥐고 움직이기 쉽도록 더 두껍고 잘 미끄러지지 않는 칫솔을 디자인했고, 크게 히트를 쳤다.[13] (요즘 마트에 가면 보이는 어린이 칫솔은 대부분 이렇게 두껍고 쥐기 편하게 생겼다.)

스탠퍼드의 디스쿨d.school에서도 제품개발의 첫 번째 순서는 사용자 관찰이 되어야 한다고 가르친다. 창업에 관한 심오한 이론이 아니라, 얼마나 많은 잠재고객과 이야기하고 관찰하고 실험을 설계하고 실행했느냐가 커리큘럼의 중요한 부분이다. 다양한 배경의 학생들과 멘토들로 클래스를 구성한 뒤, 실제 고객들을 만나고 빠르게 시제품을 설계하고 만들고 개선시켜 나가는 것이다.[14]

행동하고 그 결과를 관찰하는 것이야말로 미세한 변화를 어떻게 성공으로 연결시킬지 잡아낼 수 있는 능력이다.

디자인씽킹 Design Thinking

톰 켈리가 사용한 혁신방법을 '디자인씽킹Design Thinking'이라 한다. 디자인씽킹은 데이터를 중심으로 하는 방식과 달리, 사용자의 행동이나 업무 프로세스를 면밀히 관찰해 혁신적인 디자인이나 프로세스 개선을 만들어내는 기법이다. 기업의 제품기획이나 업무 프로세스 개선을 비롯해 공공부문 등 다양한 분야에 활용될 수 있다. IDEO와 스탠퍼드의 디스쿨을 통해 많이 알려졌는데, 스타트업에도 반드시 필요한 방법이므로, 창업가라면 꼭 공부해보기 바란다. 팀 브라운Tim Brown이 쓴 《디자인에 집중하라Change by Design》를 보라.

고객에게 검증받아라

"문제 그 자체로는 문제가 아냐. 문제를 대하는 네 태도가 문제인 거지."
– 잭 스패로우, 영화 〈캐러비안의 해적〉 중에서
"The problem is not the problem. The problem is your attitude about the problem." – Jack Sparrow

"제가 정말 좋은 사업 아이디어를 생각했어요."

"이 제품, 시장에서 통할 것 같아요?"

창업가가 이런 식으로 제품에 대한 피드백을 물어보면 사실 그리 해줄 말이 없다. 대부분은 그보다 훨씬 더 좋은 제품을 알고 있기도 하거니와, 또 그렇다고 해서 이 스타트업이 성공하지 말란 법도 없기 때문이다. 2등 제품으로도 시장에서 잘 먹히는 경우가 많다. 나는 한 명의 소비자로서 내 기호에 따라 제품을 사용한다. 당연히 편향된 의견을 낼 수밖에 없다. 내가 그 제품을 어떻게 만들라고 대신 디자인해줄 수는 없다.

다만, 어떤 시장을 어떻게 테스트해볼 수 있을지는 내가 좀 더 많은 아이디어를 가지고 있을지도 모르겠다. 제품개발에 매진하는 창업가에게 외부의 신선한 시각과 의견을 줄 수는 있다.

어느 날, 대학생의 수업필기 노트를 온라인으로 공유한다는 아이디어를 가지고 온 창업가를 만났다. 유명 컨설팅회사 출신의 똑똑하고 젊은 창업가였다. 사업계획서 자체로는 훌륭해 보였고, 논리도 그럴듯했다. 그러나 내가 보기에 이미 시장에 나와 있는 다른 모델들보다 학생들에게 딱히 어떤 가치를 더 줄 수 있는지 알기 어려웠고, 사업모델인 광고를 실어줄 광고주들에게도 어떤 차별화된 가치를 주는지 분명하지 않았다. "지금까지 몇 명의 학생들에게 실험해봤나요? 그리고 광고주들은 뭐라고 하던가요?"라고 물었다. "지금까지는 스텔스 모드[15]였습니다. 투자유치 후 경쟁사보다 훨씬 뛰어난 기능의 앱을 만들어서 배포하면 검증될 것입니다"라고 창업가는 말했다.

그 창업가가 그때까지 한 말이 모두 상상과 베껴 쓴 연구보고서라는 걸 알고 나서, 나는 이렇게 말했다. "지금 당장 대학교에 가서 20명의 학생들에게 실험해보세요. 그리고 10개 회사의 광고 담당자들에게 그 결과를 보여주고 광고 한 개만 수주해서 실어보세요.

그럼 아마 지금의 사업계획서에 있는 내용을 모조리 바꿔야 한다는 걸 깨달을 거예요."

아이디어를 검증받는 가장 빠르고 좋은 길은 직접 고객들에게 물어보고 관찰하는 것이다. 실제로 내 제품을 사용할 고객, 내 제품을 평가할 사람, 돈을 내줄 사람들에게 직접 보여주고 피드백을 받도록 하자. 나에게서 검증받으려 하지 말고, 고객에게 검증받아라.

원대한 아이디어보다 하찮은 실행이 낫다

"아이디어는 공공재다. 그것을 실행하는 것이 핵심경쟁력이다."
- 마이클 델, 델 컴퓨터 창업자
"*Ideas are commodity. Execution of them is not.*"
– Michael Dell

유니콘 스타트업의 이야기를 들으면 마치 처음부터 위대한 아이디어를 가지고 시작한 것 같지만, 실제는 이와 다른 경우가 많다.

유튜브 창업자들이 원래 가지고 있었던 아이디어는 온라인 데이팅 사이트였다. 좀 더 자세히 말하자면 당시 유행하던 '핫 오어 낫 www.hotornot.com'의 동영상 버전을 만들어보자고 시작했던 사이트다. 사이트를 개발하고 서비스를 시작했지만, 아무도 자기소개 영상을 올리지 않자 창업자들은 원래의 아이디어를 수정해야 했다. 얼마 되지 않는 유저들을 자세히 관찰해보니, 유저들은 데이팅보다는 그냥 재미있고 웃긴 영상을 올려두고 서로 낄낄대는 것에 더 관심이 많다는 것을 발견했다. 창업자 스티브 첸Steve Chen은 "데이팅 따위는 잊어버려. 우린 그냥 아무 동영상이나 공유하는 서비스로 만들면 돼"라고 말하며 지금의 유튜브 초기버전을 만들었다.[16] 유튜브는 서비스 시작 18개월 만에 약 2조 원 가까운 거금에 구글에 인수되었고, 지금은 전 세계에서 가장 인기 있는 동영상 서비스가 되었다.

지금은 많은 사람들로부터 인기를 끌고 있는 중고거래 앱 '당근마켓'의 창업자 김재현과 김용현은 창업 전 카카오에서 일하던 당시, 사내게시판에서 중고거래가 활발하게 일어난다는 사실을 흥미롭게 지켜봤다. 당시 인터넷에서 가장 큰 중고거래 시장은 네이버카페 '중고나라'였다. 하지만 당시 중고나라 카페의 모바일앱 사용자경험은 형편없었고, 사기거래 등 부작용이 심하다는 평을 듣고 있었다. 두 창업자는 곧 믿고 사고팔 수 있는 중고거래 앱을 만들기로 했지만, 처음부터 중고나라처럼 전국 단위의 대형 서비스를 목표로 하지는 않았다. 이들은 소박하게 자신들이 익숙한 판교 동네 주민들을 상대로 '판교장터'라는 앱을 만들어 직거래 장터를 실험했다. 처음에는 아는 직장동료와 지인들 중심으로 거래를 시작했다가, 곧 가능성을 본 두 창업자는 판교 일대의 아파트에 전단지를 돌리는 등 주부들을 주고객으로 유치하고자 뛰어다녔다.

판교장터는 이메일인증, 지역인증을 도입하면서 매너 있는 거래, 사기 없는 거래를 유도했고, 사람들도 이런 점을 무척 좋아했다. 판교에서 어느 정도 검증되자 두 창업자는 용인 수지, 화성 동탄, 그리고 서울까지 차근차근 지역기반을 늘려갔다. 이렇게 지역기반을 늘린 판교장터는 곧 '당신 근처의 중고마켓'이라는 뜻을 가진 '당근마켓'으로 이름을 바꾸고 더 많은 지역으로 확장했다. 지금은 '1일 1당근', '당근하다', '당근덕후'라는 신조어를 비롯해, 직거래하는 아내를 태워다주는 남편을 지칭하는 '당근라이더'라는 새로운 직업(?)까지 만들어낼 만큼 큰 인기를 끌고 있다.

스타트업의 아이디어는 작아도 된다. 지금은 하찮은 아이디어지만 충분히 커질 가능성만 있다면 당장 실패해도 좋으니 하나라도 실행해보는 것이 중요하다.

프리토타이핑Pretotyping

프리토타이핑은 구글의 개발자이자 연쇄창업가였던 알베르토 사보이아Alberto Savoia가 개발한 제품개발 방법론이다. 프로토타이핑Prototyping이 "제품을 만들 수 있을까?"를 테스트하는 단계라면, 프리토타이핑은 "고객들이 이 제품을 사용할 것인가?"를 테스트한다. 대개 최소한의 시간(보통 몇 시간에서 며칠)과 비용으로 개발하고자 하는 제품의 핵심만을 뽑아서 시제품을 만든 후, 실제 잠재적 이용자의 사용성을 관찰하고 테스트한다.

듣기 싫은 말

"관중의 야유는 나에게 성취를 향한 강한 동기를 준다."
– 배리 본즈
"Those boos really motivate me to make something happen."
– Barry Bonds

나는 창업가들에게 되도록 칭찬보다는 창업가가 보지 못하는 부분이나 개선할 수 있는 사항들을 이야기해주려 한다. 특히 이제 막 꿈에 부풀어 창업했거나 한창 제품개발에 집중하고 있을 때에는 더 큰 그림을 보지 못하거나, 새로운 문제해결 방법을 놓치기 쉽기 때문이다.

한 번은 당뇨병 환자의 혈당측정을 위해 채혈하는 주사바늘을 개발한 창업가가 피칭을 했다. 그는 채혈할 때 환자의 고통을 20% 가량 줄여주는 바늘을 개발했고, 전체 채혈바늘 시장에서 승산이 있다고 말했다. 하지만 다른 경쟁사가 채혈의 고통을 30% 줄여주는 제품을 개발한다면? 50%를 줄여주는 제품이 나온다면 어떨까? 그 창업가는 연구개발이 어렵고 시간과 비용이 많이 들기 때문에 가능성이 낮다고 답했다. 하지만 세상에는 이미 고통이 아예 없는 제품이 개발되고 있다는 사실을 간과하고 있는 듯했다. 나는 구글이 고통 없이 혈당을 상시 측정할 수 있는 스마트 콘택트렌즈를 개발하여 실험 중이라고 알려주었다. 이 기술이 상용화되기까지는 시간이 조금 걸릴 수 있겠지만, 중요한 사실은 기존의 패러다임에서 10%, 20% 개선하는 것이 아니라 이미 세상은 새로운 패러다임(고통이 아예 없는 혈당측정기술)으로 이전하고 있다는 사실이다. 이러한 패러다임의 변화는 창업가에게 익숙한 세상이 아니다. 그 창업가는 자신이 알고 있는 세상(주사바늘로 채혈해서 혈당을 측정하는 세상)이 변하는 것이 싫었을 것이다. 하지만 패러다임이 변하면 전혀 다른 세상이 펼쳐진다.

또 다른 스타트업은 머신러닝을 활용해 자연어로 대화할 수 있게 해주는 기술을 개발하고 있었다. 자신들의 기술을 뽐내고 싶었고, 자신들의 기술이 구글이나 애플, 아마존의 인공지능 대화기술보다 우수할 것이라고 말했다. 하지만 내 생각은 달랐다. 대기업이 이미 상당한 양의 데이터를 축적하고 기술을 개발한 상태라면, 스타트업이 이기기 쉬울 것 같지 않았다. 그래서 일반인을 대상으로 한 범용 서비스보다는 특정 카테고리, 예를 들어 쇼핑몰이나 보험 같은 특정 상담을 위한 인공지능 대화기술을 개발하는 것이 좋겠다고 조언했다. 특정 카테고리에서 구글 같은 대기업보다 더 정확하고 우수한 성능을 보여준다면 승산이 있을 거라 판단했다. 하지만 창업가가 이 말을 받아들이는 데에는 시간이 조금 필요했다. 엔지니어링에 대한 자신감이 확고한 창업가였기에 어쩌면 자존심 상하는 말이었을지도 모르겠다. 하지만 스타트업의 성공에는 지금 당장의 자존심을 지키는 것보다 성공하는 방향으로 전환하는 것이 더 중요하다.

스타트업이 제품을 출시하면 실제 소비자들로부터 많은 피드백을 받는다. 소비자들은 이메일을 쓰거나 댓글을 달기도 하고, 앱스토어에서 별점을 매기기도 한다. 오랜 기간 팀원들과 고통을 함께하며 개발한 제품이 세상에 나와서 좋은 평을 받을 때에는 내가 세상에서 최고인 것 같은 우쭐함이 들지만, 누군가 우리 제품이 형편없는 쓰레기라고 쓴 인정사정없는 리뷰를 보았을 때는 화가 치밀기도 하고, 당장이라도 회사를 접어버리고 싶은 생각이 들 때도 있다. 더구나 10만 명, 100만 명의 고객들이 한꺼번에 쏟아내는 악평과 불평들을 감내해야 할 때는 지구 어디론가 숨어버리고 싶을 만큼 괴롭다.

그러니 명심하자. 지금 믿을 만한 전문가에게 듣는 쓴소리 한마디가 나중에 수십만, 수백만 명의 고객들이 쏟아내는 불평보다 훨씬 낫다.

당신의 아이디어가 안 좋은 이유

"아이디어가 오직 하나뿐일 때보다 더 위험한 것은 없다."
– 에밀 샤르티에, 철학자
"Nothing is more dangerous than an idea, when it's the only one we have."
– Emile Chartier

어느 날 스타트업 컨퍼런스에서 행사를 마치고 참석자들과 인사를 나누고 있는데 어느 중년의 창업가 한 분이 오셔서 나에게 서류봉투 하나를 건넸다. 자신에게 우리나라 청년실업 문제를 해결할 수 있는 아주 좋은 아이디어가 있다면서 잠시 설명하고는, 건넨 서류에 자신의 아이디어와 특허자료가 들어 있으니 반드시 검토해보라고 하셨다. 아직 자신의 훌륭한 아이디어를 아는 사람이 없으니 반드시 비밀을 유지해달라는 당부와 함께.

나는 비밀유지를 위해 서류봉투를 열어보지도 않고 문서파쇄기에 넣었다. 비밀유지가 걱정된다면 왜 나에게 이런 엄청난 문서를 주는 것일까? 또 한 가지, 그렇게 훌륭한 아이디어라면 왜 다른 사람들이 몰라야만 할까? 훌륭한 아이디어라면 많은 사람들이 더 많이 알고 공감하고 퍼뜨리도록 노력해야 하는 것 아닌가.

•

당신의 아이디어가 좋지 않은 이유는 첫째, 공감하는 사람이 없기 때문이다.

주변에 공감하는 사람이 없다는 것은 시장이 없다는 뜻이다. 간혹 주변 모두가 뜯어 말리는 사업 아이디어였는데 뚝심으로 밀어붙여서 성공했다는 기사를 보기도 하는데, 매우 예외적인 사례다. (항상 예외는 있다.) 하지만 성공으로 가는 쉬운 길은 주변 사람들부터 내 아이디어와 제품에 공감하도록 만드는 것이다. 내가 만든 제품에 공감하는 사람이 1만 명, 10만 명, 1억 명이 되면 큰 사업으로 이어진다. 하지만 그 시작은 가까운 곳에 있는 사람 10명, 100명의 공감을 얻는 것이어야 한다.

자신의 아이디어가 시장에 널리 퍼졌는데 경쟁자들이 생기지 않는 것도 주의해야 한다. 그러한 경우는 대부분 규제에 막혀서, 또는 실행이 어려워서다. 경험이 풍부한 창업자들은 그럴 때 해당 규제를 피해갈 수 있는 혁신적인 기술이나 사업모델, 또는 자신의 스타트업만이 동원할 수 있는 전문인력이나 경험, 실행 가능한 기술 등을 갖추어 독과점을 이루는 기회를 만든다. 하지만 그렇지 않은 많은 창업가들은 무리하게 시작했다가 어쩔 수 없는 규제와 실행상 어려움 때문에 중간에 실패하고 만다. 지난 몇 년 동안 엄마와 육아도우미를 연결하는 사업계획서를 50건 넘게 보았지만, 단 한 곳도 제대로 큰 사업을 펼치는 곳이 없었다. 육아도우미에 대한 니즈는 분명 엄청나고 당연히 큰 시장이 존재할 것 같은데 왜 잘하는 스타트업이나 대기업이 없을까? 육아도우미 시장은 진입하기 쉬워 보여도 실행이 굉장히 어렵다. 사람을 소개하는 일은 엄청난 신뢰를 요구하며, 더군다나 아이를 돌보는 데에는 매우 높은 수준의 안전이 요구된다. 즉 부모, 아이, 육아도우미를 모두 만족시키면서 신뢰와 안전에 대한 높은 요구수준과 국가가 정한 규제 등을 모두 충족하는 사업모델을 만들기 쉽지 않다.

둘째, 당신의 아이디어가 좋지 않은 이유는 아직 '때'가 아니기 때문이다.

두 바퀴로만 굴러가는 전동휠 세그웨이Segway가 처음 나왔을 때 많은 사람들이 무척 신기해하며 개인 교통수단의 혁명을 몰고 올 것이라 열광했다. 하지만 실제로는 2001년부터 7년간 겨우 3만 대

판매하는 데 그쳤고 회사는 어려움에 처했다. 얼마 지나지 않아 세그웨이는 나인봇이라는 중국 회사에 저가에 인수되는 처지가 되었다. 처음 아이디어에는 사람들이 열광했지만, 막상 시장에 나오자 실망하고 구매하지 않은 것이 주된 원인이었다.

셋째, 당신의 아이디어가 좋지 않은 이유는 아직 실행해보지 않았기 때문이다.

머릿속에 아이디어가 있다는 사실 자체만으로 좋은 아이디어가 되기엔 아직 이르다. 좋은 아이디어가 되려면 머릿속에서 끄집어내 실행단계로 옮겨야 한다. 돈이 없어서, 시간이 없어서, 개발자를 못 구해서와 같은 변명은 당신의 아이디어가 (아직) 좋지 않다는 것을 증명할 뿐이다. 아이디어의 핵심을 입증하거나 구현할 만한 싸고, 빠르고, 효과적인 방법을 생각해내서 실험해보아야 한다. (린 스타트업 모델이나 프리토타이핑이 도움될 것이다.)

브라이언Brian과 조Joe는 자신들이 살던 아파트 월세에 보태려고 남는 방 하나를 손님에게 빌려주었는데, 그 과정에서 얻은 아이디어로 에어비앤비를 창업했고, 지금은 전 세계 여행자들이 즐겨 이용하는 숙박중개 서비스가 되었다. 하지만 그것을 실행하고 증명하기 전까지 '자기 집의 남는 방을 모르는 여행객에게 빌려준다'는 그들의 아이디어는 사람들의 비웃음을 사는 바보같은 생각에 불과했다.

아이디어는 데이터 속에

"자연의 본질을 깊이 관찰하라. 그러면 더 잘 이해할 수 있을 것이다."
– 알버트 아인슈타인
"Look deep into nature, and then you will understand everything better."
– Albert Einstein

뉴턴이 머리 위로 사과가 떨어졌을 때 중력이라는 물리학 법칙을 깨달은 것처럼 우연한 기회에 훌륭한 아이디어가 저절로 떠오르는 경우는 거의 없다. 오히려 좋은 아이디어는 평소 오랫동안 반복해온 경험과 분석으로부터 나온다.

넷플릭스NetFlix의 인기 프로그램인 〈셰프의 테이블Chef's Table〉에 소개된 낸시 실버턴Nancy Silverton은 처음 베이커리를 열기 전, 완벽한 바게트를 만들기 위해 반죽과 물의 양, 소금, 온도, 굽는 시간 등 여러 가지 변수를 미세하게 조정하면서 굽기를 수백 번 실험했다.

이렇게 모은 데이터가 다른 누구도 따라오지 못할 때쯤에야 그녀는 만족했고, 곧 오픈한 라 브레아 베이커리La Brea Bakery는 LA뿐 아니라 미국 전역에 유명한 빵집이 되었다.

내가 게임회사를 운영할 때, 데이터 분석은 새로운 아이디어를 더욱 좋게 만드는 필수도구였다. 게임 화면에서 버튼의 위치를 바꾸었을 때 매출이 얼마나 증가하는지, 평균 게임시간을 얼마로 만들어야 사람들이 좀 더 오랜 기간 지속적으로 게임을 하는지, 심지어 지난 2주 동안의 게임 플레이 데이터를 바탕으로 그 유저가 일주일 내에 게임을 그만둘 확률까지 구할 수 있었다. 현재 유저들의 게임시간을 10% 늘리겠다는 목표를 세울 때, 우리는 그동안 모은 데이터를 바탕으로 정확히 어떤 부분을 바꾸면 게임시간이 늘어나는지 알고 있었다. 기획회의를 할 때는 언제나 데이터가 중요한 참고자료가 되었다. 대부분 게임 개발회사들은 특히 이런 사용자 행동패턴과 데이터를 분석하는 데 열성적이다. 버튼 하나, 그림 하나, 아주 미세한 난이도만 조절해도 사용자들이 떠나버리거나 매출이 급감하는 결과를 초래할 수 있기 때문이다. 그래서 이들은 엄청난 데이터를 모으고 관찰한다.

아이디어란 어느 날 문득 머릿속에 떠올라 냅킨에 그림을 그리고는 바로 시장에 내다팔 수 있는 것이 아니다. 그렇게 떠오른 생각을 여러 번 (경우에 따라서는 수천 번) 실험해서 결과값이 가설과 맞았을 때 성공의 근간이 될 수 있는 것이다. 한 번도 실험해보지 않으면 결코 좋은 아이디어라 할 수 없다.

헤드라인

"아이디어는 도전받고 시험받은 후에야 위대한 아이디어가 된다."
– 에드 캣멀, 픽사 사장
"*We believe that ideas only become great when they are challenged and tested.*"
– *Ed Catmull*

회사의 비전이 무엇인지, 또는 지금 만드는 제품의 목적이 무엇인지처럼 미래를 고민할 때 내가 잘 쓰는 방법이 있다.

10년 후 〈뉴욕타임스〉(〈워싱턴포스트〉나 〈테크크런치〉도 상관없다. 자신이 즐겨보는 매체를 떠올려보자)의 1면에 우리 회사에 대한 기사가 어떻게 나오면 좋을지 실제 기사를 작성해보는 것이다. 팀과 함께 헤드라인을 써보자. '제품 출시 1년 후'처럼 성공을 이룰 수 있는 미래의 특정 시점을 잡아도 좋다. 당신은 어떤 헤드라인을 보고 싶은가?

이를테면 "혁신적인 태양광 패널 기술로 전 세계 시장점유율 45%에 이르다" 혹은 "2025년 대학졸업생 설문조사 결과 가장 일하고 싶은 회사 1위에 뽑혀"와 같은 것도 좋다. 중요한 것은 헤드라인에 올릴 만한 딱 한 가지 목표를 정하는 것이다. 매출, 시장점유율이든, 이산화탄소 저감과 같은 사회기여든, 기업문화나 복지와 같은 기준이든 어떤 것이어도 좋다. 여기에 적힌 숫자 하나가 당신 회사의 공동 목표이자 비전이 된다. 여러 사람들이 각자 다르게 생각하던 중요한 일들, 또는 당신 머릿속에 떠다니던 수십 가지 중요한 일들이 단 하나의 숫자로 합쳐져 헤드라인 한 줄로 표현된다면 그것은 회사의 공동 목표가 될 만한 가치를 지닌다.

그다음에는 기사 내용을 적어보자. 여기에는 헤드라인을 이루기 위한 과정과 주요 마일스톤, 그리고 어떤 일을 해야 하는지 등이 자세히 적는다. 언제 기술이 개발되었고, 어느 시장부터 먼저 들어갔으며, 해마다(혹은 분기마다) 어떤 성과를 이뤄왔는지 미래 시점에서 적어보면 우리가 해야 할 일이 굉장히 분명해진다.

이렇게 신문 1면에 실릴 만한 헤드라인과 내용을 적어보고, 팀원들이 공감한다면 회사의 비전을 이끌어내기가 훨씬 수월할 것이다.

3장.

시장과 경쟁

혁신은 비용을 한계점으로 떨어뜨린다

"미래를 예측하는 우리의 직관은 선형적이다. 하지만 정보기술의 현실은 지수함수다. 이는 매우 심오한 차이다. 선형함수의 세계에서는 내가 30보를 걸으면 30보를 가지만, 지수함수의 세계에서 30보는 10억 보와 같다."
– 레이 커즈와일, 미래학자
"Our intuition about the future is linear. But the reality of information technology is exponential, and that makes a profound difference. If I take 30 steps linearly, I get to 30. If I take 30 steps exponentially, I get to a billion."
– Ray Kurzweil

인류 역사를 보면 급격한 패러다임 시프트가 일어나는 시점은 우연한 발견이나 기술의 발전으로 생산비용이 거의 0으로 수렴했을 때가 많다. 바로 이 지점이 스타트업의 기회다.

책과 지식의 전달비용

15세기 중반 구텐베르크가 활자를 이용한 인쇄술을 발명한 후 50년 동안 인쇄된 책의 수는 이전 인류 역사를 통틀어 만든 책보다 많다.[17] 과거에는 주로 수도승들이 직접 손으로 쓰는 필사의 방식으로 책을 만들었는데, 성경 한 권을 필사하는 데에만 수 년이 걸렸다고 한다. 하지만 구텐베르크의 인쇄기는 아주 쉽게 성경책을 찍어냈고, 저렴해진 성경은 유럽 전역으로 퍼져나갔다. 성경뿐 아니라 다양한 철학과 사상을 담은 책도 같이 전파되었고, 그중에는 기존의 기독교 교리에 반하는 책도 있었다.

성서를 필사하던 시절엔 가톨릭 기준 총 73권에 달하는 방대한 내용 때문에 성경 한 질의 값이 무려 집 10채 값[18]에 해당했으므로 일반인들이 성서를 소유하기란 거의 불가능했다. 때문에 교회는 이러한 지식을 독점하게 되었고, 이런 '독점'은 교회가 교리를 자신들에게 유리하게 해석하고 체제를 유지하는 데 중요한 역할을 했다. 하지만 인쇄술이 발명되면서 성경이 대량으로 보급되고, 성경을 접한 사람들이 기존의 교리해석을 반박하고 체제를 비판하기 용이해지면서 기존 질서는 무너지기 시작했다. 이러한 변화는 종교개혁에도 큰 영향을 미쳤다. 사람들의 지식과 경험을 반영구적permanent이고, 쉽게 이동 가능portable하며 누구나 복제 가능하게 만들어 광범위하게 공유하게 한 기술은 '유럽의 질서'를 송두리째 바꾸어놓았다. 급기야 18세기 들어 유럽 전역에 인권에 대한 사상이 퍼지면서 인권선언을 통해 왕정을 무너뜨리고 민주주의의 토대를 만들기에 이르렀다. 15~18세기에 벌어진 급진적인 사상의 변화는 책을 찍어내는 비용을 집 몇 채 가격에서 불과 빵 몇 조각 정도의 비용으로 급격히 떨어뜨린 '기술의 변화'에서 비롯되었다.

이러한 혁신은 인류의 역사 속에 반복되어 왔다. 증기기관을 이용한 방직기가 나오면서 사람이 손으로 짜던 천을 기계가 훨씬 더 빠른 속도로 직조했고, 이는 곧 모든 농기계와 제조업을 근본적으로 변화시켰다. 증기기관으로부터 시작된 산업혁명은 불과 100년도 안 되는 시간 동안 무언가 생산할 때 드는 단위 비용을 급격하게 떨어뜨렸다.

복제 및 발견비용

2000년 숀 파커라는 젊은이가 냅스터라는 서비스를 만들어 개인이 갖고 있는 음악파일(MP3 파일)을 인터넷을 통해 공유할 수 있도록 했다. 이 서비스는 거의 공짜로 (음악을 공짜로 구할 수 있었으니 인터넷 비용만 부담하면 되었다) 음악을 들을 수 있게 해주었고, 전 세계 많은 사람들이 열광했다. 한편에서는 이 서비스가 불법이라고 주장하며 음반사들을 주축으로 엄청난 소송전이 벌어졌다. 결국 2년 뒤 소송에서 진 숀 파커는 냅스터를 중단해야 했다. 그는 법원을 나오면서 "소송에서는 졌지만, 나는 음악산업을 바꾸었다"는 유명한 말을 남겼다.

당시 음반사들은 누구나 인터넷에서 공짜로 음악을 듣기 시작하면 아티스트들은 돈을 못 벌게 되고, 더 이상 좋은 음악을 만들지 못할 거라고 주장했다. 그로부터 불과 10여 년이 지난 지금, 전 세계는 휴대폰과 인터넷을 통해 매우 저렴한 비용으로 더 다양한 음악을 듣고 있다. 과거에는 한국에서 브라질의 음악을 듣기가 쉽지 않았지만, 지금은 상파울루 길거리에서 공연하는 무명 아티스트의 음악도 인터넷에서 갑자기 인기와 명성을 얻곤 한다. 옛날에는 기획과 마케팅 능력이 뛰어난 음반사와 장기 전속계약을 하고 언제 내 앨범이 매장에 깔릴지, 사람들의 귀에 전달될지 모르는 채 많은 비용을 지불해야 했지만, 오늘날의 아티스트들은 인터넷을 통해 그 어느 때보다 쉽게 팬들과 소통할 수 있고 스포트라이트를 받을 수 있는 기회도 다양해졌다.

유전자 시퀀싱 Genome Sequencing

2000년, 인류 최초로 인간 유전자의 염기배열을 해독하는 데 성공했다. 이 전인류적 과학발견에는 수천 명의 과학자들과 수십 년의 세월, 그리고 약 3조 원에 달하는 비용이 들어갔다. 2010년 이후에는 그 비용이 1만 달러 정도로 떨어졌고, 2014년에는 다시 1/10인 1000달러로 떨어졌다. 2017년 초 세계 최대 전자제품 전

시회 CES에는 휴대폰 카메라를 이용해 DNA를 분석하는 장비[19]도 나왔다.

LIDAR

라이다LIDAR는 자율주행차에 쓰이는 핵심기술이 집적된 레이더 장비다. 2015년만 해도 1억 원이 넘는 고가의 장비였는데, 2017년 초 CES에서 구글은 이 장비를 약 800만 원(7500달러)에 장착할 수 있다고 발표했다. 2015년만 해도 자율주행차는 10년 혹은 훨씬 더 먼 미래의 이야기라 했지만, 불과 2년도 안 되는 사이에 가격을 90% 넘게 낮춘 것이다.

머신러닝

2017년 구글넥스트Google Next 컨퍼런스에서 페이페이 리Fei Fei Li 박사는 "머신러닝을 민주화하겠다"라고 말했다. 마치 구텐베르크가 값싼 인쇄술을 보급함으로써 인류의 지식수준을 높이고 정보를 민주화한 것처럼, 이제 머신러닝도 소수의 박사들이 연구하는 기술이 아니라 대부분의 엔지니어들이 쉽게 적용할 수 있는 자원이 되어가고 있다. 머신러닝을 이용해 기업들은 재고비용과 유통비용을 급격히 낮추고, 병원에서는 훨씬 더 빠르고 정확하게 질병을 진단하고 치료한다. 국가 단위에서도 효율적으로 기상을 예측하고 농작물 수확을 늘리며, 교통체증과 환경오염에 대응하는 도구로 머신러닝을 쓴다.

중요한 점은 머신러닝이 국가 단위의 예산이 투입되어야 하는 것이 아니라, 이제는 몇 명의 엔지니어가 있는 작은 스타트업도 쉽게 시작할 수 있는 기술이 되었다는 사실이다. 개발자들은 텐서플로우TensorFlow 같은 오픈소스를 이용해 쉽고 저렴한 비용으로 자신의 아이디어를 구현할 수 있다. 스타트업이 필요로 하는 것은 날카로운 문제파악과 창의적인 해결방법뿐이다.

스타트업이 대기업과 경쟁할 수 있나요?

"우리가 가장 두려워하는 경쟁자는 지금 어느 창고에서 전혀 새로운 무언가를 만들고 있을 스타트업이다."
– 빌 게이츠, 켄 올레타, 《디지털 워》 중에서
"I fear someone in a garage who is devising something completely new."
– Bill Gates, from 〈Digital Wars〉 by Ken Auletta, 2012

"대기업이 당신과 유사한 서비스를 만들면 어떻게 할 건가요?"

스타트업 피칭에서 투자자나 심사위원들이 하는 흔한 질문들 중 하나다. 하지만 나는 대기업에 반대로 묻고 싶다.

"지금 막 창고에서 시작한 스타트업이 당신의 서비스를 위협하는 유사한 서비스를 만들면 어떻게 할 건가요?"

스타트업들은 대기업을 두려워할 필요가 없다. 변화하는 시장과 규제, 성장에 대한 압박, 한정된 자원은 스타트업이나 대기업 모두에게 작용하는 요소들이다. 대기업들도 이러한 사업적 리스크로부터 자유로울 수 없다. 120년이 넘도록 카메라 필름 사업으로 독과점을 누려온 코닥이 디지털 시대에 제대로 대응하지 못하고 마침내 2012년 파산신청을 냈다. 2000년대 중반 전 세계 휴대폰 두 대 중 한 대를 팔던[20] 노키아는 스마트폰 시장에서 경쟁력을 잃고 대규모의 구조조정을 거친 뒤 마이크로소프트에 헐값[21]에 팔려나가는 수모를 겪어야 했다. 미국에서 수천 개의 비디오대여점 체인을 가지고 있던 블록버스터는 오프라인의 또 다른 경쟁자가 아니라 온라인에서 조용히 그리고 빠르게 떠오른 넷플릭스 때문에 문을 닫아야 했다.

이런 사건들은 지난 수십 년간 반복되어 왔고, 속도도 점점 빨라지고 있다. 대기업들은 이제 더 이상 같은 업종, 같은 시장에서만 경쟁하는 것이 아니라, 마치 정글에서 조용히 다가오는 독사처럼 다른 방향에서 예상치 못한 방법으로 느닷없이 다가오는 경쟁자에 맞서야 하는 처지가 되었다.

성공은 첫 번째에 오지 않는다

"실패가 계속된다고 두려워할 필요 없어요. 딱 한 번만 성공하면 돼요."
– 드류 휴스턴, 드롭박스 창업자

"Don't worry about failure; you only have to be right once."
– Drew Houston, co-founder and CEO of Dropbox

아름다운 와이키키 해변에는 전 세계 서퍼들이 파도를 타기 위해 몰려든다. 어떤 이들은 서핑한 지 몇 년 안 되는 신참들이고, 어떤 이들은 10년 넘게 거의 매일 해변에 나와서 파도를 관찰하고 연습하는 베테랑이다. 서핑을 처음 시작한 사람은 보드 위에 제대로 서기도 어렵다. 아마 첫 한두 시즌은 보드 위에서 수백 번은 넘어져야 겨우 몇 초 파도를 타볼 수 있을 것이다. 프로 서퍼들도 사정이 딱히 다르지는 않다. 멋진 파도를 타기 위해 하루 종일 적절한 파도를 기다려야 한다. 너무 작지도, 너무 크지도 않으면서 적당히 높은, 해변으로 밀려오는 그 한 번의 파도를 위해 몇 시간을 보드 위에서 기다린다. 훌륭한 서퍼는 완벽한 파도를 타기 위해 매일 넘어지며 연습하고, 기다린다.

사람들은 성공한 창업가의 멋진 이야기를 들으면 그 사람이 운이 좋았거나, 특별한 재주가 있었다고 생각한다. 하지만 대부분은 그렇지 않다. 세계적으로 인기를 끌었던 새 날리기 게임(?) '앵그리 버드Angry Birds'는 로비오Rovio가 52번째 만든 게임이다.[22] 스티브 잡스와 스티브 워즈니악이 처음 만든 애플1은 겨우 200대 정도 팔렸을 뿐, 뼈아픈 실패로 돌아갔다.

브라질과 이탈리아에서 1억 명이 넘는 사용자들에게 사랑받는 카메라 앱 '레트리카'를 만든 박상원도 레트리카 이전에 무려 30개가 넘는 카메라 앱을 만들었다. 스마트폰으로 사진 찍기 좋아하던 그는 무음 카메라, 사진편집 앱 등을 만들어서 앱스토어에 올린 후 사용자들의 행태를 자세히 관찰했다. 그는 수십 개가 넘는 앱들을 관찰해서 얻은 교훈을 레트리카에 반영했고, 마침내 전 세계에서 수억 명이 사용하는 성공적인 카메라 앱을 얻었다.

시도를 많이 해야 성공이 나온다. 수십 번 실패해도 상관없다. 스타트업에 필요한 건 단 한 번의 성공이다.

스포츠와 스타트업

"우리는 게임의 규칙을 바꿀 거야."
– 영화 〈머니볼〉 중에서
"*We're going to change the game.*"
– *From the movie 〈Moneyball〉*

스포츠는 룰이 정해져 있다. 축구는 한 팀이 11명으로 구성되어 있으며 상대방의 골대 안에 더 많은 골을 넣는 팀이 이기는 경기다. 야구, 배구, 미식축구, 달리기 등 모든 스포츠에는 규칙이 있다. 이 규칙은 대체로 바뀌지 않는다. 올림픽 같은 국제경기에서는 세계 공통의 규칙대로 경기를 진행한다.

하지만 스타트업 세계의 룰은 언제든 바뀔 수 있다. 지역마다 다른 규칙이 존재하고, 시기에 따라서도 급격하게 바뀐다. 생각해보라. 비트코인Bitcoin을 이용해 간편하고 수수료도 싼 외환송금 서비스를 이제 막 개발했는데, 때마침 브렉시트Brexit와 미연방의 금리 인상 소식으로 외환송금 시장이 아주 혹독한 환경으로 바뀔 수도 있다.

하지만 좋은 점은, 이제 막 시작한 스타트업도 게임의 규칙을 바꿀 수 있다는 것이다. 우버가 처음 차량공유 서비스를 시작했을 때 전 세계 많은 도시의 택시들이 혼란에 빠졌다. 모바일 앱을 이용해 쉽게 인근의 차를 부를 수 있고, 더 싼 요금에 깨끗하고 편안한 차를 이용할 수 있으니 고객들은 좋아할 수밖에 없었다. 우버 드라이버로 등록한 차 주인들은 추가 수입이 생겨서 좋았다. 우버는 전 세계 많은 대도시에서 차량공유 서비스를 제공하고 있지만 회사는 차량을 단 한 대도 갖고 있지 않다. 일부 도시에서는 자율주행차량을 시험운행하는 중이다.

에어비앤비는 전통적인 호텔업의 개념을 바꿨다. 예전에는 부동산을 빌리거나 취득하고, 제법 규모 있는 빌딩을 지은 후에 하얏트나 메리어트 같은 프랜차이즈 호텔을 내거나 아니면 확실치 않은 자체 브랜드의 호텔을 운영하는 것이 호텔업의 규칙이었다. 하지만 에어비앤비는 빈 방을 빌려주려는 사람과 싸면서도 깨끗하고 내 집같이 편안한 방을 원하는 숙박객을 이어주는 서비스를 전 세계에 제공한다. 에어비앤비는 단 한 개의 방도 소유하고 있지 않지만 전 세계에서 가장 큰 숙박업을 하는 회사가 되었다.

1990년대 말과 2000년대 초만 하더라도 고객들이 휴대폰을 선택하는 기준은 크기가 얼마나 작은가, 디자인이 독특하고 예쁜가, 폴더의 힌지가 얼마나 부드럽고 내구성이 좋은가와 같은 것들이었다. 하지만 애플이 더 편리한 터치스크린과 UI, iOS를 선보이면서 휴대폰을 선택하는 기준이 달라졌다. 사람들은 이전과 달리 스마트폰 OS가 iOS인지 안드로이드Android인지, 친한 친구가 어떤 앱을 사용하는지, 사진이 잘 찍히는지를 더 중요한 선택 기준으로 삼는다. 한순간에 시장의 규칙이 바뀌었고, 불과 몇 년 지나지 않아 결코 망할 것 같지 않던 노키아가 몰락했다.

스포츠에서는 모두가 같은 규칙을 가지고 경기를 하지만, 스타트업의 세계에서는 서로 다른 규칙으로 경쟁할 수 있다. 성공하는 스타트업은 남들과 다른 규칙으로 경쟁했다.

거듭제곱의 법칙

"단순함은 궁극의 복잡함이다."
– 레오나르도 다빈치
"*Simplicity is the ultimate sophistication.*"
– *Leonardo Da Vinci*

어느 정도 제품이 나오면 수익을 내기 위해 비즈니스 모델을 고민하게 된다. 단순한 카메라 앱이라도 실제로 돈을 벌려면 광고, 인앱구매In-App Purchase, 구독Subscription 등 여러 가지 수익모델을 고려할 수 있다. 시장에서 매출을 만들어보지 못한 창업가라면 수익모델을 깊이 고민하지 않거나, 고민하더라도 실제 과정이 어떨지 이해하지 못하는 경우가 많다. 심한 경우는 제품의 기능만 열 몇 가지 넣어두고는, "그럼 실제로 돈을 어떻게 벌 건가요?"라고 물어보면 "광고 넣을 건데요"라고 무심하게 답하고 만다. '이 창업가는 광고 비즈니스가 얼마나 어려운지 알고 하는 말일까?'라는 생각이 든다.

예를 들어보자. 생수를 팔 때, 한 병에 1000원씩 받고 목마른 고객들에게 파는 비즈니스 모델을 난이도 2라고 치자. 정직하게 생수 한 병에 1000원, 누구나 이해하기 쉬운 비즈니스 모델이다.

이제는 생수를 해변의 목마른 여행객들에게 공짜로 준다고 생각해보자. 대신 돈 쓸 준비가 되어 있는 여행객들을 대상으로 홍보하고 싶어 하는 광고주의 광고를 물병에 인쇄해서 팔기로 한다. 제품(=물병)의 최종수혜자는 목마른 여행객이지만, 고객(=돈 주는 사람)은 광고주다. 창업가는 최종수혜자와 고객, 둘 다를 만족시켜야 하기 때문에 비즈니스 모델의 난이도는 두 배로 올라간다. 이 경우 난이도는 4(=2^2)가 된다.

어느 창업가가 맛집 정보를 개인의 취향에 맞게 추천해주는 기술과 서비스를 개발해왔다. 초기 유저들은 각자 취향에 맞게 추천을 잘해주는 이 서비스를 좋아했다. 몇 달 후, 내가 "수익모델이 뭔가요?"라고 물었을 때, 창업가는 "광고를 붙일 예정입니다"라고 말했다. 그러나 이내 이 비즈니스 모델은 앞서 말한 최종수혜자에게 추천하는 맛집을 먼저 보여줘야 할지, 아니면 돈을 많이 낸 고객의 광고를 먼저 보여줘야 할지 이해상충관계에 빠지게 된다. 돈을 많이 내는 레스토랑을 무조건 먼저 보여준다면 유저들은 실망하고 더 이상 이 앱의 맛집추천을 신뢰하지 않게 될 것이다. 창업가에게 이런 상황을 어떻게 해결할지, 광고를 보여주면서도 배고픈 사람이 좋아할 만한 맛집을 제대로 추천해주는 서비스를 어떻게 만들지 물어봐도 딱히 이렇다 할 답을 들을 수 없었다.

이제 난이도 8에 도전해보자. 초등학생을 위한 교재를 만드는 사업을 한다고 생각해보자. 학습교재의 최종수혜자는 학생이다. 이 교재를 사용하겠다고 결정하는 의사결정자는 선생님이고, 교재비를 내는 사람은 학부모라 해보자. 그러면 이 스타트업은 학습교재로 즐겁게 학습할 학생도 만족시켜야 하고, 선생님에게는 학습성취도를 평가하는 데 도움을 주거나 뭔가 특별한 가치를 제공해야 한다. 또 학부모들에게는 교육비를 절감하거나 교재를 기꺼이 구입할 만한 구매동기를 주어야 한다. 설득해야 하는 대상이 3으로 늘어난 것이다. 이 경우 비즈니스 모델의 난이도는 8(=2^3)로 급격히 어려워진다.

실제로 매출을 만드는 수익모델을 만들기란 무척 어렵다. 처음 창업가들은 가설만 가지고 이리저리 어려운 수익모델을 결합하면서 쉽게 매출을 낼 수 있을 걸로 희망 섞인 착각을 하는 경우가 많다. 하지만 거래해야 하는 상대방의 수에 따라 수익모델의 난이도는 거듭제곱의 법칙으로 올라간다. 처음에는 간단한 수익모델로 만들어라. 그리고 거래해야 하는 상대방을 하나씩 이해해가면서 조금 더 복잡한 (그리고 더 많은 매출을 가져오는) 수익모델을 테스트하라. 우리 제품이나 서비스가 작동되는 생태계를 충분히 이해했을 때에야 멋지게 작동하는 수익모델을 완성할 수 있다.

버블

"나는 결코 뒤돌아보지 않아. 그건 '현재'를 방해할 뿐이야."
– 에드나, 영화 〈인크레더블〉 중에서
"I never look back. It distracts from the now."
– Edna 'E' Mode, 〈The Incredibles〉

시장의 열기가 뜨거울 때 많은 사람들이 내게 지금 버블이 아니냐고 묻는다. 시장상황이 조금만 좋지 않다 싶으면 곧 버블이 꺼지는 것 아니냐며 걱정하기 시작한다. 버블이 생기고 꺼지는 것은 자연스럽다. 오히려 그것이 없는 세상이 지나치게 이상적이다.

1990년대에서 2000년대 초까지의 인터넷 버블이 남긴 것이 있다. 버블이 꺼질 때 많은 사람들이 혹독한 고통을 겪었지만, 그 결과 저렴한 인터넷망이 완성되었고 많은 사람들이 인터넷에 연결되었다는 점이다. 고통의 비용을 지불하기는 했지만, 많은 투자자와 기업가들이 인터넷으로 무엇을 할 수 있는지 발견했고, 어떤 지표들이 중요한지 깨달았다. 2000년대 초 웹밴과 같은 실패가 있었기 때문에 그 후 인터넷 상거래 사업을 하려는 이들은 어떻게 해야 실패하지 않는지, 또 어떤 지표들이 중요한지 알게 되었다. 어느 정도 사회적인 비용은 발생하지만, 끊임없는 버블과 버블 붕괴를 겪으며 스타트업들은 마치 생명체처럼 과거의 교훈을 딛고 발전한다.

버블이 꺼질 때에는 또 다른 창업의 기회가 온다. 마이크로소프트는 1975년에 창업했다. 당시 미국의 실업률은 매우 높았고, 원유 가격도 올라서 큰 불황을 겪던 때였다. 애플이 어려움을 이겨내고 성장을 시작한 시점도 2001년 이후였다. 2001년은 실리콘밸리 인터넷 버블이 터져서 많은 IT기업들이 문을 닫던 시기였다.

시장이 협곡의 바닥에 있을 때야말로 창업을 하기 좋은 시기다. 앞으로 시장은 올라가는 방향이 될 테니 자연스럽게 거기에 올라타면 된다. 남들이 사업하기 좋은 시장상황이라고 말할 때는 늦다. 그때는 창업하더라도 이미 기반을 닦아놓은 수많은 경쟁자들과 힘든 경쟁을 벌여야 한다. 시장상황이 어려워서 모두가 떠났을 때, 그때야말로 세상을 바꿀 수 있는 기회다.

경쟁

"어리석은 사람은 친구에게서도 한 가지도 배우지 못하지만, 현명한 사람은 경쟁자에게서도 배우려고 노력하죠."
– 니키 라우다, 전설의 카레이서
"A wise man can learn more from his enemies than a fool from his friends."
– Niki Lauda, a legendary car racer

영화 〈러시RUSH〉는 1970년대 전설적인 F1 카레이서 니키 라우다Niki Lauda와 제임스 헌트James Hunt의 목숨을 건 경쟁과 우정, 신뢰를 그리고 있다. 니키 라우다는 1970년대 중반 이미 F1에서 우승을 한 뛰어난 카레이서였지만, 제임스와의 경쟁이 없었다면 그는 전설이 되지 못했을 것이다. 제임스와 니키는 경주 때마다 선두 자리를 두고 치열하게 경쟁했다. 1976년 니키는 악명 높은 독일의 뉘르부르크링에서 열린 그랑프리 대회 중 사고로 큰 화상을 입어 의사로부터 사망진단까지 받았지만, 철인 같은 의지로 다시 살아났다. 그 후 니키는 제임스의 경주를 보면서 재기를 결심했고, 불과 1년 만인 1977년 F1 경주에 복귀하여 시즌 우승을 이뤄냈다. 이 모습을 본 팬들은 그에게 '불사조'라는 별명을 붙였다.

스타트업의 경쟁이 두 경쟁자를 모두 성공으로 이끄는 경우도 많다. 마이크로소프트와 애플의 초창기 시절이 그렇다. 당시 IBM 같은 대기업이 있는 와중에 이제 막 시작한 두 회사는 끊임없이 경쟁했다. 애플이 새로 개발한 GUI를 본 빌 게이츠는 곧 윈도우 3.0에 비슷한 GUI를 적용해 출시했다. 스티브 잡스는 빌 게이츠를 두고 "다른 사람의 아이디어를 훔치고도 부끄러운 줄 모른다"며 비난했고, 빌 게이츠는 "인간적으로 결점이 많은 사람"이라고 스티브 잡스를 깎아내리기도 했다. 애플과 마이크로소프트 외에도 코카콜라와 펩시, 에디슨과 테슬라, 포드Ford와 페라리, 우버와 리프트Lyft, 페이스북과 스냅챗 등 거의 모든 산업분야에서 치열한 경쟁이 존재했고, 이들은 경쟁을 통해 성장했다.

경쟁이 있다는 것은 시장이 있다는 말과 같다. 만약 경쟁자가 없다면 그 시장에 아무도 관심이 없거나 시장을 너무 작게 보고 있다는 뜻이다. 피터 틸Peter Thiel이 독과점의 아름다움에 대해 이야기했지만, 어디까지나 다른 경쟁자들보다 훨씬 더 강력한 독점적 지위를 가졌을 때 성공한다는 의미다.

하지만 창업가들에게 "경쟁자가 누구인가요?"라고 물어보면 "우리 기술은 너무 우수해서 경쟁자가 없어요"라든지 "우리는 없던 시장을 만들 계획이기 때문에 아직은 아무런 경쟁자가 없어요"라는 말을 종종 듣는다. 그 말이 사실이라면 정말 훌륭한 스타트업이다. 하지만 그렇지 않은 경우가 99%다. 내가 만난 스타트업 중 새로운 시장을 개척하거나 '세계 최초'의 기술을 만든 사례는 아직 없었다. 구글이 검색시장에 뛰어들기 전에도 절대적 1위 기업인 야후를 비롯해 수많은 검색회사가 경쟁하고 있었다. 애플이 아이팟을 공개했을 때는 중국산 MP3 플레이어부터 고급 제품까지 전 세계에서 수백 종에 이르는 휴대용 뮤직플레이어가 경쟁하고 있었다. 최근에는 아마 우버나 에어비앤비 정도가 없던 시장을 새로 만든 사례이지 않을까 싶다.

투자자들도 경쟁을 보고 싶어 한다. 경쟁사를 말해주어야 그 스타트업이 어떤 사업을 하려고 하는지, 시장규모는 어느 정도인지, 또 투자자가 어떤 도움을 주어야 하는지 등을 상상하고 지원할 수 있다. 막연히 경쟁이 없다고 하면 도대체 이 스타트업이 뭘 하려는지, 어떤 시장인지, 어떤 경쟁력을 갖고 있는지 이해하기 어렵다. 투자자들은 그들이 투자했을 때 어떤 사업이 전개되고, 어느 정도 성장할지, 어떤 경쟁구도를 가져가야 할지 상상하게 만드는 틀이 있어야 한다. 이때 경쟁자를 보여주면 이해시키기가 쉽다. 쿠팡이 처음 한국에 왔을 때 미국에서는 그루폰Groupon 등이 꽤 큰 성공을 거두고 있었기 때문에, 투자자들에게 한국에서 어떤 사업을 할 것인가에 대해 굳이 설명하지 않아도 모두가 잘 이해했다.

스타트업은 경쟁을 두려워할 필요가 없다. 스냅챗이 시장에 나오고 젊은 사람들에게 인기를 얻을 무렵, 창업자 에반 스피겔Evan Spiegel이 페이스북의 마크 저커버그의 인수제안을 거절한 이야기는 유명하다. 그 후 페이스북은 끊임없이 스냅챗과 유사한 기능을 페이스북 메신저에 넣었고, 스스로 스냅챗이 되고 싶어 했다. 스냅챗은 이런 덩치 큰 대기업들의 도전을 즐겁게 받아들였고, 마침내 2017년 초 240억 달러의 가치로 상장에 성공했다.

스냅챗뿐 아니라 작은 기업들이 대기업보다 훨씬 잘해낸 사례는 많다. 우버, 에어비앤비, 드롭박스Dropbox, 스퀘어Square, 스포티파이Spotify, 렌딩클럽LendingClub, 고프로GoPro는 작은 스타트업으로 시작해서 빠르게 성공을 만들어냈다. 반면 스냅챗에 대응하기 위해 페이스북은 슬링샷Slingshot이라는 앱을 개발했지만, 지금은 슬링

샷이라는 게 있었는지조차 모를 정도로 사람들의 관심을 끌지 못했다. 대기업이라고 해서 항상 스타트업을 이기는 것은 아니다.

스타트업들은 보이지 않는 경쟁을 경계해야 한다. 오래전 뉴욕의 신문사들은 갑자기 나타난 새로운 첨단기술 때문에 "곧 신문이 사라지고 기자들과 편집장들이 실직하는 사태가 올 것"이라며 경계와 하소연의 글을 싣기 바빴다. 그들이 말하던 첨단기술이란 인터넷이나 트위터가 아니었다. 그들이 두려워했던 첨단기술은 전기신호를 이용해 모스부호로 통신하던 텔레그래프Telegraph였다. 1800년대 중반 미국 전역에 깔린 텔레그래프가 신문보다 더 빠르게 뉴스를 전달하기 시작하자, 신문사들은 일제히 이 첨단기술(지금 보기에는 구석기 유물 같은 기술이지만)을 비난하고 나섰다.

그러나 편집장들의 걱정과 달리 텔레그래프 기술은 그전까지만 해도 지역뉴스만 전달하던 신문에 전국, 전 세계의 뉴스를 더욱 신속하게 전달할 수 있게 하는 경쟁력을 선사했다. 정작 신문사에 위협을 준 사건은 약 100년 뒤인 1900년대 중반에 일어났다. 미국 가정에 막 텔레비전이 보급되기 시작했는데, 그때만 해도 신문사들은 텔레비전을 경쟁자로 생각하지 않았다. 오히려 신문사들은 당시 유행하던 잡지들을 귀찮은 경쟁자 정도로 여기고 있었다. 시

시콜콜한 드라마만 방영하던 텔레비전은 신문사 편집장들에게 경쟁거리도 되지 않아 보였다. 하지만 곧 텔레비전이 뉴스보도를 시작하자 독자들은 신문보다 텔레비전 앞으로 모여들었다. 신문사들은 그제서야 독자들의 시선을 텔레비전에서 신문으로 돌리기 위해 많은 노력을 해야 했다.

아직도 내 스타트업의 경쟁자들이 보이지 않는다면 시장분석을 제대로 하고 있지 않다는 증거다.

스피드

"그러므로 전쟁 준비가 다소 완벽하지 못해도 속전속결을 추구하여 승리한 경우가 있다는 말은 들었으나, 전쟁 준비를 완벽하게 갖추고 장기전을 추구하여 승리한 전례는 아직껏 본 적이 없다."
– 손무孫武, 〈손자병법〉 중에서

스타트업이 가진 가장 효과적인 무기는 스피드다. 남들보다 더 빨리 할 수 있으니까 스타트업이다. 대기업이 여러 부서의 의견을 모으고 사업성 검토를 하고 이것저것 업무조율을 하고 있을 때 스타트업은 시장에 제품을 내놓고 승부를 봐야 한다.

어느 날, 스마트폰 앱으로 손쉽게 출장세차를 연결해주는 서비스를 기획 중인 한 창업가를 만났다. 바쁜 사람들이 앱을 이용해 얼마나 쉽게 세차 전문가를 찾고 이용할 수 있을지 한참 설명했다.

창업가는 비싼 외주 앱 개발사를 고용해서 서비스를 개발 중이었고, 함께할 디자이너와 개발자를 찾고 있었다. 앱이 출시되려면 적어도 4개월 이상은 걸릴 것 같았다. (나중에 안 사실이지만 1년이 지나도 앱은 나오지 않았다.)

어떤 사람들이 출장세차가 필요한지, 수요가 있는지, 실제 사용자가 느끼는 가치가 무엇인지, 사업을 전개하는 과정에서 어떤 어려움이 있는지 등을 알기 위해 앱이 필요하지는 않다. 오히려 오프라인에서 고객들을 모으고, 문자나 메신저 앱으로 연락하고, 구글 문서도구 등을 활용해서도 충분히 사업을 테스트해볼 수 있다. 앱은 이런 가설들이 충분히 검증된 다음에 만들어도 늦지 않다. 실제 사업의 경쟁력은 앱 자체에서 나오는 것이 아니라, 창업가가 생각하는 세차 서비스의 가치가 얼마나 실제 사용자들에게 도움이 되는지에서 나오기 때문이다. 창업가가 해야 할 일은 MVP를 만들어서 핵심경쟁력을 검증하는 일이었다. (MVP가 반드시 어떤 앱이나 웹사이트를 의미하지는 않는다. 때로는 문자 메시지를 보내는 일이 될 수도 있고, 웹사이트처럼 만든 가짜 슬라이드 이미지로도 충분하다.)

온라인으로 신발을 파는 자포스Zappos의 창업자 토니 셰이Tony Hsieh는 "정말 소비자들이 온라인에서 신발을 구매할 것인가?"라는 가설부터 검증해야 했다. 그는 다행히 상품 사진을 전시하고 고객들이 주문과 결제를 할 수 있는 웹사이트는 손쉽게 만들 수 있었다. 그는 근처 운동화 매장으로 달려가 전시된 운동화들의 사진을 찍어서 자포스 웹사이트에 올렸다. 처음에는 고객들이 사진을 보고 주문하면, 그가 매장으로 달려가 운동화를 사서 고객에게 배송하는 식이었다. 이렇게 고객의 수가 조금 늘어나자, 그는 고객들의 구체적인 피드백을 들을 수 있었다. 사이즈가 안 맞을 때 반송은 어떻게 하는지, 웹사이트에서 무엇을 보여줘야 효과적인지, 고객응대는 어떻게 해야 하는지, 어떤 상품을 재고로 확보해두어야 하는지, 어떤 사이즈가 잘나가는지 등을 알게 되었고, 점점 체계를 갖춘 온라인 쇼핑몰로 발전했다.

아블라컴퍼니의 이창수는 서울의 유명 식당들을 스마트폰 앱으로 찾아보고 예약할 수 있는 포잉Poing을 개발했다. 고객들은 앱에 있는 예약버튼을 누르면 잠시 후 예약이 확인되었다는 문자 메시지를 받았는데, 마치 자동으로 간편하게 예약까지 해주는 편리한 서비스처럼 보였다. 하지만 사실은 가로수길에 있는 포잉 사무실 직원들이 웹사이트를 보고 있다가 누군가 예약버튼을 누르면 직접 해당 식당에 전화를 걸어 고객이 원하는 대로 예약해주는 매우 아날로그적인 방식이었다. 고객들로서는 예약버튼을 누르고 확인문자가 오기까지 몇 분 동안 이렇게 직접 사람들이 움직이는지는 까맣게 몰랐을 것이다. 고객들이 점차 예약버튼의 편리함을 좋아하게 되자, 포잉은 점점 이 과정을 자동화했다.

지금 개발하거나 개선하고 싶은 일이 있다면 잠시 멈추고 생각해보자. 더 빠르고 더 쉽게 할 수 있는 방법은 없을까? 반드시 모든 기능이 들어간 완벽한 앱이나 기술, 데이터베이스, 완전한 형태의 웹사이트가 필요할까? 대부분의 경우는 내가 구상한 아이디어를 검증하기 위해 그중 아주 일부만, 혹은 그럴싸하게 만든 이미지 몇 장만 필요할지도 모른다.

최소기능제품 **Minimum Viable Product**

최소기능제품MVP은 에릭 리스가 쓴 《린 스타트업》이란 책에 의해 널리 알려진 개념이다. MVP는 초기 고객들이 원하는 핵심기능만 최소한으로 구현한 제품을 말한다. MVP는 제품에 원래 의도대로 아이디어가 제대로 구현되었는지, 구현하고자 하는 기능은 제대로 작동하는지 확인하고, 고객들의 피드백을 얻어 다음 개선 사이클의 모델로 사용할 목적으로 개발한다. MVP는 간단한 사이트일 수도 있고, 골판지로 만든 모형일 수도 있다. 때로는 유형有形의 제품이나 웹사이트, 앱이 아닐 수도 있다. 예를 들면 세차예약이나 중고물품 거래와 같은 서비스 아이디어가 있다면 잘 만든 블로그와 스마트폰 메신저만으로도 비즈니스의 핵심모델을 테스트해볼 수 있다.

태풍이 불면 돼지도 난다

"그 어떤 그로스해킹, 기발한 마케팅 아이디어, 어벤저스 영업팀도 뛰어난 제품이 없다면 소용이 없다."
– 샘 알트먼, 와이콤비네이터 CEO
"No growth hack, brilliant marketing idea, or sales team can save you long-term if you don't have a sufficiently good product."
– Sam Altman

시장에서는 트렌드를 타고 주기적으로 어떤 특정 기술이나 제품군의 열풍이 불었다가 꺼지곤 한다. 1990년대 말과 2000년대 초에는 MP3 기기가 수백 종류나 나왔고, 애플의 아이팟과 같은 멋진 제품도 있었다. (세계 최초의 휴대용 MP3 기기는 새한정보통신이라는 한국 회사가 개발한 제품이었다.) 이 시기에는 소니, 델Dell과 같은 대기업도 뛰어들었지만, 아이리버나 코원 같은 중소기업, 그리고 셀 수 없을 만큼 많은 중국 기업들도 휴대용 MP3 플레이어를 시장에 내놓고 팔았다. 이때는 적당한 품질의 제품이라면 누구나 어느 정도 이윤을 남기고 돈을 벌 수 있었다.

이처럼 광풍이 부는 시장에서는 많은 사업자가 뛰어들어도 어느 정도 성공할 수 있다. (하지만 시장이 꺼지고 나서도 살아남는 기업은 드물다. 지금 누가 새한정보통신을 기억하는가?) 뜨는 시장에 뛰어들 때는 치열하게 경쟁우위를 갖도록 노력해야 하지만, 성공했다고 해서 그것이 온전히 내 실력 때문이라는 착각은 하지 말아야 한다. 나는 평소에는 날지 못하는 한 마리 돼지일 뿐이며 태풍에 휩쓸려 잠시 떠올랐던 것뿐임을 명심해야 한다.

1990년대 말 인터넷 열풍이 불었을 때, 너도 나도 웹페이지를 만들고 싶어 했다. 당시 HTML을 좀 만질 줄 알았던 프로그래머들 앞에는 웹사이트 개발을 의뢰하기 위해 돈다발을 들고 줄 서는 고객들로 넘쳐났다. 실력 없는 개발자들도 인터넷과 웹사이트 개발에 대한 지식이 없었던 고객들에게 터무니없는 가격을 불러가며 겨우 웹사이트 몇 페이지를 만들어주곤 했다. 그렇게 광풍이 지나자, 이제는 고객들도 웹사이트 개발에 대한 지식을 어느 정도 알게 되고, HTML 기술 자체도 더 쉬워지고 자동화되었으며, 마치 전기처럼 인터넷의 기초자원으로 자리잡게 되었다. 시장은 진정되었고, 웹 개발 비용을 합리적으로 계산할 수 있게 되었으며, 누가 실력 있는 웹 기획자인지, 웹 프로그래머인지 구분할 수 있게 되었다. 태풍이 가라앉자 누가 돼지이고 누가 황새인지 알게 된 것이다.

요즘 머신러닝 열풍이 이와 비슷하다. 과거 수십 년간 머신러닝은 일부 대학교수들의 연구실 문을 넘기 어려웠다. 하지만 딥마인드Deepmind의 알파고AlphaGo가 이세돌을 이기고, 아마존의 인공지능 알렉사Alexa가 인간과 대화하면서 상품을 주문하고, 구글포토 앱이 내가 찍은 사진을 보고 자전거인지 고양이인지 알아서 분류해주는 시대가 되었다. 대중은 아직 기술을 모르지만 적어도 그것이 주는 효용가치는 확실히 알게 되었다. 그와 동시에 주변에 머신러닝을 잘 알지도 못하면서 입으로만 아는 척하는 가짜 기술자들이 많이 생겼다. 많은 투자자들이 이들에 속아 투자를 하고, 기업들은 경쟁적으로 거금을 주고 머신러닝 전문가라고 하는 사람들을 채용한다. 이럴 때를 경계해야 한다. 모든 사람들이 떠들 때 누가 숨은 실력자인지 가려내야 한다.

태풍이 불 때 나는 것이 돼지인지 황새인지 구분하기란 쉽지 않다. 바람이 멈추었을 때도 날 수 있는 스타트업이야말로 유니콘으로 성장할 수 있다.

4장.

창업가의 일

실패중력장

"삶이 지칠 때는 뭘 해야 하는지 알아? 계속 헤엄치는 거야!"
– 도리, 영화 〈니모를 찾아서〉 중에서
"When life gets you down, do you wanna know what you've gotta do? Just keep swimming."
– Dory, from the movie 〈Finding Nemo〉

스타트업을 시작하면 끊임없이 실패한다. 출근하자마자 맞닥뜨리는 것은 엊저녁부터 쌓여 있는 고객불만 신고들, 갑자기 퇴사 의사를 밝힌 직원, 얼마 전에 피칭한 투자자로부터 온 투자거절 이메일, 늦어지는 제품개발 일정… 뭐 하나 제대로 돌아가는 게 없는 나날이다.

돈이 없어서, 제품개발에 실패해서, 동업자가 배신해서, 믿었던 직원이 나가서, 성사될 줄 알았던 계약이 체결 직전에 취소되어서, 투자유치에 실패해서, 갑자기 규제가 바뀌어서, 미국이 금리를 올려서, 전 세계 오일 가격이 폭등해서… 실패의 이유를 들자면 끝도 없다. 심지어 갑자기 비가 오거나 눈이 와서 실패하는 경우도 있다. 제대로 된 창업가라면 비가 오는 것도 내 탓이라고 생각해야 한다. 그래야 마음이 편하다.

지금 막 시작한 창업가는 매일매일 우리 팀에 다가오는 이런 실패를 예측하고 미리 대비하는 것만 해도 벅차다. 이런 다양한 위험들은 마치 중력처럼 스타트업을 실패의 어둠 속으로 잡아당긴다.

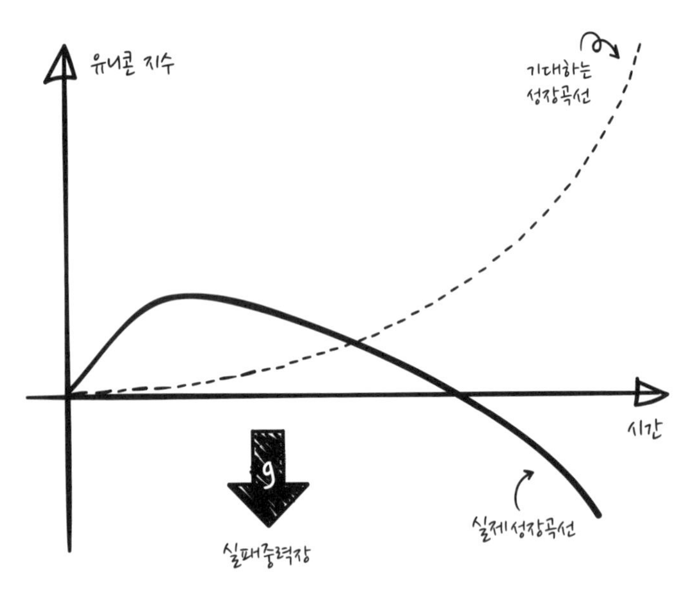

실패중력장 그래프

나는 이것을 '실패중력장'이라 부른다. 실패중력장은 매일매일, 끊임없이, 예상치 못한 때, 생각보다 큰 힘으로 다가온다. 창업가의 일은 이처럼 다양한 리스크를 최대한 미리 예상하고, 여러 가지 대비를 하는 것이다. 하지만 스타트업의 현실에서는 이런 리스크들을 모두 대비할 수 없기에 굉장히 가벼운 조직, 새로운 변수와 환경에 빠르고 유연하게 적응하는 조직을 만드는 것이 중요하다. 이런 것들은 책으로 배울 수 없다. 실제로 창업을 해보거나 스타트업에서 일해보아야만 알 수 있다. 이미 매뉴얼화되어 있거나 교과서에 나온 상황이라면 그래도 쉬운 편에 속한다. 창업가는 매일매일 새로운 문제에 도전해야 한다. (그래서 나는 스타트업이 재미있다. 단 하루도 똑같은 일을 반복한 적이 없다. 오늘은 무슨 도전이 생길까? 오늘은 무슨 문제를 풀어야 할까? 그래서 출근길이 더 즐겁다.)

내가 창업가들에게 아이디어와 제품에 너무 집착하지 말라고 이야기하는 이유도 비관주의를 경계하기 때문이다. 아이디어와 제품개발에 매진하는 팀은 오래 못 간다. 아이디어와 제품은 실패하기 마련이다. 그보다는 회사의 비전을 정의하고 실행하는 강력한 팀이 오래간다. 수십 번 실패를 견딜 수 있는 멘털로 무장해야 한다. 강력한 팀과 동기부여에 시간을 써야 더 오래가는 회사를 만들 수 있다.

엘론 머스크가 이끄는 스페이스X는 회수하여 재사용이 가능한 우주로켓을 만드는 회사다. 발사 때 쏘아올린 로켓이 높은 고도에서 분리된 후 비행이 끝나면 다시 정해진 착륙장으로 무사히 착륙하도록 만드는 것이 목표였다. 그렇게만 한다면 로켓을 재사용할 수 있으므로 위성을 우주로 띄우는 데 드는 비용이 급격히 낮아진다. 그들에게는 지구의 중력장 외에도 수천 가지 실패중력장이 존재했지만, 4년 동안 무려 8번의 실패 끝에 마침내 실패중력장을 이기고 로켓을 무사히 착륙시키는 데 성공했다.[23]

끊임없이 우리를 실패의 수렁으로 잡아당기는 실패중력장을 이기는 유일한 길은 굳은 사명감이다. 엘론 머스크가 "인류를 화성으로 이주시키자"고 외치며 팀원들에게 사명감을 주문했듯, 스스로에게 매일매일 주문하는 사명감은 나를 실패중력장으로부터 구해낸다.

스타트업은 어지러워

"혼돈의 경계선에서 단기적인 혼란을 수용할 수 있는 회사를 만들어야 합니다."
– 리드 헤이스팅스, 넷플릭스 창업자
"*We built a company that tolerated some short-term chaos and we managed right on the edge of chaos.*"
– Reed Hastings, Founder of Netflix

스타트업은 본질적으로 혼돈 그 자체다. 줄 맞춰 정돈된 큐비클과 복도, 임원들이 혼자 쓰는 조용한 사무실, 잘 정리된 문서수납장 같은 것들과는 거리가 멀다. 구글플렉스Googleplex라 불리는 구글의 본사 건물에 들어가면, 2층에서 1층으로 타고 내려오는 미끄럼틀, 짐볼, 푸스볼, 당구대, 아케이드 게임기, 당장이라도 밴드 연주를 할 수 있는 드럼과 기타, 너프건, 다트, 레고블록, 벽에 그려진 그래피티와 책상마다 어질러져 있는 안드로이드 인형 같은 것들을 볼 수 있다. 일과 중에 동료들과 농구를 하고 오는 무리들, 자전거나 킥보드를 타고 다니는 사람들, 잔디밭에 앉아서 수다(회의일 수도 있다)를 떠는 사람들을 언제나 볼 수 있다. 그러나 착각하지 마시라. 구글이 돈을 많이 벌어서 이런 환경을 갖춘 것이 아니다. 학교에서 창업한 래리 페이지Larry Page와 세르게이 브린Sergey Brin은 사무실을 학교 캠퍼스처럼 만들고 싶어 했다. 언제나 사람들이 모여서 이야기할 수 있고, 새로운 아이디어가 떠오르면 바로 만들어 볼 수 있고, 동료와 같이 농구하다 좋은 아이디어가 떠오르면 다시 사무실로 돌아와 일할 수 있는 공간을 만들고 싶었던 것이다.

구글뿐 아니라 대부분의 실리콘밸리 회사들은 이런 업무공간을 선호한다. 샌프란시스코의 소마SOMA 지역에 있는 드롭박스에서는 금요일 오후가 되면 사무실 한가운데 있는 큰 바에서 바텐더가 만들어주는 칵테일을 비롯해 와인과 맥주를 마실 수 있다. 이 시간은 직원들이 모여서 수다를 떨며 노는 시간이다. 정확히 말하자면 '노는 시간'은 아니다. 이렇게 동료들과 맥주를 마시며 이야기하는 시간도 중요한 업무의 하나로 보는 시각이 강하다. 사장과 직원들이 회사의 정보를 투명하게 공유하고, 그러다 중요한 아이디어가 나오기도 한다. 실리콘밸리의 테크 스타트업들은 이런 캐주얼한 소통을 중요하게 생각한다.

이런 환경은 직원들이 편하게 놀라고 복지 차원에서 제공하는 것들이 아니다. 자유로운 업무공간과 환경은 창의적인 아이디어가 중요한 테크 스타트업들에게는 필수적인 요소다. 픽사Pixar는 신입 사원에게 책상과 주변 업무공간을 꾸미라고 돈을 주기도 한다. (픽사뿐 아니라 많은 실리콘밸리 회사들이 이와 유사한 정책을 시행한다.) 신입사원들 사이에서는 누가 더 창의적으로 꾸미는지 엄청난 경쟁이 붙기도 한다. 이런 환경에서 픽사는 〈토이스토리Toy Story〉 같은 블록버스터 애니메이션을 만들어내고 있다.

혼란스러운 것은 업무공간만이 아니다. 스타트업의 시공간에는 알고리즘, 데이터분석, 합리적 의사결정, 고도화된 수학과 최신 기술 등 최고의 합리성을 추구하는 동시에 한편으로는 감정과 심리, 용기, 직관적인 결정, 스티브 잡스의 현실왜곡장과 같은 비합리적인 것들이 동시에 존재한다.

온라인쇼핑몰은 구매율을 높이기 위해 철저하게 사용자행태 분석을 하고 엄청난 양의 퍼널 분석funnel analysis과 A/B 테스트를 한다. 온라인쇼핑 웹사이트나 스마트폰 앱의 첫 방문부터 두 번째 방문, 재방문, 지난 일주일 간의 방문횟수, 상품 열람횟수, 구독시간, 장바구니에 넣은 상품 수, 결제단계 구간마다의 성공률과 실패율, 이탈률, 고객구매단가, 연령별·성별·지역별·직업별·관심사별 등 온갖 정보를 기반으로 한 관심사 추천과 구매율과의 상관관계 등, 아무리 단순해 보이는 서비스나 제품이라도 성공하려면 정말 많은 양의 데이터가 필요하다. 이런 데이터에 집착하고 마침내 자신만의 통찰력을 얻는 순간이 올 때 성공으로 이어지게 된다.

하지만 엄청난 양의 데이터 분석만이 성공으로 가는 왕도는 아니다. 때로는 디자이너의 재치 있는 장난이나 인턴으로 들어온 신입 마케터의 기발한 아이디어 하나가 스타트업의 성공을 일으키기도 한다. 그 어떤 것도 정답이 아니며, 정해진 성공 공식이 존재하지도 않는다. 그래서 오히려 스타트업은 어렵다. 성공을 얻기 위해 최고의 합리성을 추구하면서도 마치 유전자가 돌연변이를 일으키듯 어느 정도 자유와 창의성을 부여해야 하며, 경력 있는 전문가의 조언뿐 아니라 새로 들어온 신입 인턴의 아이디어에도 귀를 기울여야 한다.

자율성과 융통성은 스타트업의 특권이다. 수십 년 전통을 가진 대기업들은 그동안 사업을 하면서 쌓아온 무형의 부채와 책임, 지켜야 할 자산과 복잡한 의사결정체계 때문에 자율성과 융통성에 제약이 심하다. 하지만 이런 것들이 없는 스타트업은 환경의 변화에 가장 빨리 대응하고, 필요한 경우에는 회사의 목적과 조직체계도 쉽게 바꿀 수 있다.

스타트업에 자율성과 융통성이 중요한 이유는 빠르게 변화하는 환경에 맞춰 변신하고 적응하기 위해서다. 그런데 이것은 원칙을 지키라는 명제와 대치돼 보인다. 회사 내에서의 원칙은 구체적인 방법론이 아니라, 팀원들 사이에 지켜야 할 대전제 같은 것이어야 한다. "운동하는 모든 이들에게 영감과 혁신을 주자To bring inspiration and innovation to every athlete in the world"[24]와 같은 나이키의 원칙이 좋은 예다. 나이키는 단순히 멋진 운동복을 만드는 회사가 아니며, 그곳의 직원들은 운동을 통해 사람들의 육체와 정신을 일깨우는 많은 혁신적인 일들을 할 수 있다. 실제로 나이키는 '나이키+'라는 소셜네트워크서비스 및 퓨얼밴드와 같은 최신 IT 기기들을 만들고 있다.

점심시간, 출근시간 같은 관행들도 의심해보아야 한다. 왜 항상 9시에 출근해야 하는가? 9시 1분은 안 되는가? 1분 늦는다고 그렇게 죄책감을 느껴야 할 필요가 없다. 서두르지 말고, 편한 시간대에 출근해도 된다는 게 내 신념이다. 나는 결과주의자다. 만약 일주일 동안 모든 사람들이 기다려온 시간이 9시 마감이었다면 5분 지체하는 것은 큰 손실이다. 하지만 아무런 일이 없는데, 버스를 놓쳤다는 이유만으로 허둥대며 달려올 필요는 없다. 피곤하기만 할 뿐. 그것보다는 5분 늦더라도 여유 있게 와서 오늘 할 일이 무엇인지 차분히 살펴보고 제대로 정성들여 일하는 게 낫다. 똑같은 5분이라도 그 가치는 다르게 매겨진다. 그래서 나는 무작정 출근시간을 지키라고 강요하는 것을 싫어한다. 때로는 평소와 다른 시각에 출근한 날, 우연히 새로운 것을 발견하는 기회를 만나기도 한다.

오해하지 마시라. 원칙이 없다는 말이 아니다. 스타트업은 저마다 이루고자 하는 비전과 목표를 가지고 있어야 하고, 조직 내에 합의된 공통의 가치를 존중해야 한다. 그리고 대부분의 스타트업은 전통적인 조직에서 추구하는 것과는 다른 가치를 중요하게 여긴다. 예를 들어 구글에서는 검색품질을 높이는 것이 조직 내 위계질서나 정시에 출퇴근하는 것보다 더 중요하다. 구내식당에서 건강식을 제공하는 것 또한 직원들의 건강을 증진시켜 품질 높은 검색 서비스를 개발하는 데 긍정적인 영향을 미친다는 점에서 중요하게 생각한다. 애플은 완벽한 제품과 아름다운 디자인이 액세서리 제품과의 호환성보다 중요하다고 생각한다. 블리자드Blizzard는 고객과 약속한 신작 게임의 출시일을 늦추는 경우가 종종 있는데, 미완성의 게임을 출시하는 것보다는 고객에게 즐겁고 완성도 높은 게임을 제공하는 것이 더 중요하다고 생각하기 때문이다. 이 회사들은 모두 자유롭고 창의적이며 합리성과 비합리성이 공존하는 문화를 가지고 있다.

하나의 큰 원칙과 합의된 가치가 존중될 때, 혼돈과 자유로움도 성공적인 방향으로 조절된다.

믿고 맡겨라

"평범한 팀에 훌륭한 아이디어를 주면 결과는 엉망이 된다. 천재적인 팀에 보통의 아이디어를 주면 그 아이디어를 버리거나 고쳐서 더 훌륭한 아이디어를 내놓는다."
– 에드 캣멀

"*If you give a good idea to a mediocre team, they will screw it up. If you give a mediocre idea to a brilliant team, they will either fix it or throw it away and come up with something better.*"
– *Ed Catmull, Pixar*

창업 초기에는 제품개발과 디자인, 마케팅, 영업현황 등, 매일매일 챙겨야 할 중요한 사안들이 많다. 창업가라면 아주 자세한 디테일까지 챙기며 고객이 감동할 만한 제품을 만드는 데 심혈을 기울이는 것이 중요하다. 나는 디자인 시안에서 줄 하나가 한 픽셀 어긋난 것까지 잡아낸 적이 있다.

하지만 제품이 어느 정도 성공하고 나면 성장에 대한 고민을 하게 된다. 성장은 제품 자체로부터 비롯되기도 하지만, 많은 경우는 작은 팀이 처리하기 힘들 정도로 밀려드는 고객의 요청과 속도의 압박을 받는 데에서 시작된다. 이때는 모든 직원이 야근을 하며 각자 맡은 일을 처리하기 바쁘다. 창업가도 온갖 밀려드는 일에 대응하느라 잠은커녕 쉴 틈조차 없이 정신없는 하루하루를 보낸다. 이때가 창업가가 가장 경계해야 하는 시기다.

회사가 임계점에 이르렀을 때, 다음 성장을 위해 창업가는 재빨리 회사의 자원을 재배분하고 위임해야 한다. 내가 채용한 사람을 믿고 온전한 권한과 책임을 부여할 때 제대로 효율이 나기 시작한다. (믿지 못할 사람이라면 애초 왜 채용했나?) 창업가가 할 일은 회사의 성장이 임계점에 다다랐는지 아닌지를 끊임없이 모니터링하고 다음 단계로 성장하기 위해 무엇을 준비해야 하는지 아는 것이다.

좋아하는 일

"내 목표는 단순히 생존이 아니라, 제대로 된 삶이야!"
– 캡틴, 영화 〈월-E〉 중에서
"I don't want to survive. I want to LIVE."
– Captain, 〈Wall-E〉

창업하면 좋아하는 일을 더 많이 할 수 있어서 좋다. 내 시간을 좀 더 내 의지대로 배분해서 생활할 수 있고, 내가 중요하다고 여기는 일에 더 많은 시간을 쓸 수 있다. 예를 들어 아침에 아이를 학교에 데려다주는 것이 중요하다면 출근을 늦게 할 수도 있다. 늦은 밤 혼자 일하는 것이 더 효율이 좋고 만족도가 높다면 그렇게 할 수 있다. 가끔씩 멋진 해변가 카페에서 일할 수도 있다. 대기업에서는 알아주지 않았던 나의 프로젝트도 내가 창업한 스타트업에서는 큰 성공을 거두게 만들 수 있고, 거기에서 보람을 느낀다.

길게 보면 스타트업은 창업가의 자아실현이다. 내가 강력하게 믿고 있는 사회적 가치, 내가 이 세상에 존재하는 이유를 스타트업을 통해 실현할 수 있다. 꿈이 클수록 혼자 힘으로는 어렵기 때문에 나와 같은 뜻을 가진 사람들과 모여서 그 꿈을 실현해가는 과정이 곧 스타트업이기도 하다.

하지만 혼동해서는 안 된다. 내가 좋아하는 일을 하기 위해서는 싫어하는 일을 그보다 10배는 더 해야 한다. 영수증 처리부터 고객불만 처리, 투자자의 압박을 견디는 일, 동료들의 하소연, 심지어 화장실 청소도 내 담당일지 모른다. 더구나 창업가라면 동료들이 하기 싫어하는 일을 도맡아 해야 한다. 나는 사업 초기에 동료들이 영수증 처리를 죽은 쥐 처리하는 것보다 싫어하는 것을 보고 모든 영수증 처리를 도맡아 했다. 내 책상 위에는 큰 구두상자가 있어서 모두가 그 안에 회사 경비를 쓴 영수증을 던져넣었다. 그러면 내가 몇 주에 한 번씩 그 영수증들을 종이에 붙이고 내역을 정리해서 회계사무실로 보냈다.

또, 내가 좋아하는 것이 아니라 '고객이 좋아하는 것'을 찾아야 한다. 유튜브의 창업자 스티브 첸과 채드 헐리Chad Hurley는 온라인 데이트 사이트를 만들고 싶어 했다. 처음에 그들이 만든 것은 유저들이 소개영상을 올리면 그것을 보고 마음에 드는 상대방을 찾는 서비스였다. 하지만 고객들은 단지 데이트만을 위해 소개영상 올리는 것을 지루해했고, 오히려 인기를 끌 만한 재미있는 동영상을 올리고 싶어 했다. 아이가 노래 부르는 영상, 귀여운 강아지가 재롱을 부리는 영상, 온갖 웃긴 영상 등을 다 올리고 서로 보고 싶어 했다. 창업자 스티브 첸은 "데이트 따위는 잊어버려. 우린 그냥 아무 동영상이나 공유하는 서비스로 만들면 돼"라고 말하고는 지금의 유튜브 초기버전을 만들었다.[25]

창업을 하면 내가 좋아하는 일을 할 수 있다. 하지만 내가 좋아하는 일만 하는 것은 아니다. 오히려 내가 좋아하는 일 한 가지를 이루기 위해 10가지 싫어하는 일을 해야 한다. 그것마저 좋아하게 되는 것이 창업가의 삶이다.

용기

"운명은 스스로 결정하는 거야. 단지 그것을 받아들일 용기가 필요할 뿐이지."
– 메리다 공주, 영화 〈메리다와 마법의 숲〉 중에서
"Our fate lies within us. You only have to be brave enough to see it."
– Princess Merida, in her movie 〈Brave〉

창업에는 많은 용기가 필요하다. 중요한 것은 창업 이후에 더 많은 용기가 필요하다는 사실이다.

회사의 중요한 방향을 정할 때, 제품개발 계획을 세울 때, 직원을 채용하거나 해고할 때, 투자제안을 거절할 때마다 매번 엄청난 용기가 필요하다. 아닌 건 아니라고 말할 수 있는 용기, 이건 반드시 해야 한다고 말할 수 있는 용기가 필요하다.

알파벳Alphabet의 에릭 슈미트Eric Schmidt 회장은 이렇게 회고했다. "몇 년 전 주주간담회에서 구글의 미래전략을 '모바일 퍼스트

Mobile First'라 밝혔을 때, 속으로는 '모바일 온리Mobile Only'라고 말해야 한다고 믿었지만 차마 그렇게 하지 못한 것을 후회한다. 지금은 '모바일 온리' 시대가 되었고 이미 그것을 넘어서고 있다."

내가 2011년 게임 스타트업을 하던 당시 우리 회사의 주력제품은 웹게임이었다. 페이스북 앱으로 개발된 '트레인시티Train City'라는 소셜게임이었는데, 전 세계에서 1000만 명 이상이 우리 게임을 했다. 팀 전체가 페이스북 소셜게임으로 바쁘던 중에 나는 모바일 소셜게임 시장이 곧 올 것임을 여러 가지 분석과 직관으로 확신했고, 바로 회사의 모든 자원을 모바일게임 개발에 쏟아야 한다고 동료들에게 말했다. 하지만 팀 일부는 우리는 웹게임 회사이지 모바일게임은 우리 분야가 아니라며 반발했다. 나는 우리 회사의 경쟁력은 웹이든 모바일이든 모두 적용되는 것이고 미래는 모바일에 있다고 말했지만, 내 주장을 충분히 관철시키지는 못했다. 엔지니어들은 여전히 웹 개발을 선호했고 우리 회사는 웹게임으로 충분하다고도 했다. 나는 다른 해결책을 찾아야 했고 결과는 그리 좋지 않았다. 그때 나는 모두에게 지금 당장 웹 개발을 그만두고 모바일에 올인해야 한다고 밀어붙였어야 했다.

나는 채용과 해고에도 용기가 부족했다. 제품개발에 중요한 사람을 채용하고 나서 몇 달 지나지 않아 잘못 뽑았다는 것을 깨달았지만, 해고하기까지 훨씬 더 많은 시간을 허비했다. 당장 개발이 중단될까 봐 겁나서 우리 회사문화와 맞지 않는 사람을 계속 설득하며 일했고, 얼마 지나지 않아 그 사람은 다른 동료들과도 관계가 나빠지며 전체 회사 분위기를 좋지 않게 만들었다. 해고는 정말 쉽지 않은 일이지만, CEO가 나서지 않으면 아무도 해결할 수 없는 문제다. 결국 나는 내보내야 할 사람과 어려운 대화를 해야 했고, 그 사람뿐 아니라 회사에서 열심히 일하는 다른 사람들과도 다시 오랜 시간 이야기하며 우리 회사의 문화와 가치를 상기시키는 데 몇 배 많은 노력을 쏟아야 했다.

창업가에게는 매 순간 많은 용기가 필요하다.

자존감

"진짜는 귀하다. 흔하지 않다. 내가 나를 귀하게 만들어야겠다는 자존심이 있어야 한다. 나는 예술가다. 나는 배우다. 남이 날 알아주기 전에 내가 날 그렇게 만들어야 한다."
– 최민식, 〈씨네21〉 인터뷰 중[26]

창업가가 지켜야 할 목록 중에 자존심은 없다. 창업을 하면 여러 곳에서 무시당하기 일쑤다. 대기업에 다니거나 그럴듯한 직업이 있을 때에는 사회에서 여러 사람들이 대접해주고 편리를 봐준다. 은행에서 대출할 때, 자동차를 살 때, 신용카드를 신청할 때, 친구들과 동창 모임에서도 대기업 타이틀은 나의 콧대를 높이는 데 아주 유용한 무기다.

하지만 갓 창업해서 그럴듯한 사무실도, 직원도 없을 때는 무시당하기 일쑤다. 내가 남의 회사에서 꼬박꼬박 월급을 받을 때는 연간 한도액 몇 천만 원까지 주던 신용카드였는데, 창업을 하고 월급이 없어지자 갑자기 거절되었다. 그뿐이 아니다. 은행대출이 막히고 자동차 할부도 거절당했다. 부모님도 당신 친구들한테 뭐라고 이야기하냐며 내가 무슨 일을 하는지 의심스러운 눈길로 꼬치꼬치 물어보곤 했다.

세이브앤코 창업자 박지원 대표는 유명 디자인스쿨 로드아일랜드 스쿨오브디자인에서 석사학위를 받고 텍사스 대학교University of Texas at Austin 교수로 일하고 있었다. 그러다 여성들의 건강에 가치를 둔 섹슈얼웰니스 제품을 만드는 회사를 창업하기 위해 교수직을 그만두고 한국으로 와서 세이브앤코를 창업했다. 그의 첫 번째 제품은 콘돔이었는데, 이전까지 콘돔은 대부분 남자들이 연구개발하고 남성들의 만족도를 높이기 위한 기능이 대부분이었다. 마케팅과 영업, 유통도 모두 남성 위주 시장만 있었다. 그러다 보니 여성의 건강에 해로울 수 있는 여러 화학성분이 포함되기도 했고, 여성들이 마음 편히 살 수 있는 유통채널도 부족했다. 박지원 대표는 연구 끝에 여성의 건강을 해치지 않는 성분의 콘돔을 개발했고, 여성들이 파우치에 넣고 다니기 편한 패키지 디자인으로 여성 구매자의 시선을 끌었다.

하지만 박 대표는 어느 대형 유통채널 담당자와 제품 판매 미팅을 하러 본사 상담실에 갔다가 아주 자존심이 상하고 말았다. 구매상담실은 마치 큰 박람회 간이부스가 끝없이 이어진 것처럼 산만했고, 담당자는 관심 없다는 듯 시큰둥했으며, 홈쇼핑 채널에서 팔려면 좀 더 좋은 조건을 제시하라는 상투적이고 강압적인 말만 남기고 일어섰다. 박지원 대표는 홈쇼핑 채널에서 팔려는 계획을 취소하고, 오프라인 채널과 온라인 직접판매를 더 강화하기로 하고 브랜드 마케팅에 집중했다.

어떤 사람들은 창업가가 가진 사명감에 공감하지 못한다. 여성 건강에 해롭지 않은 인티밋 코스메틱 제품을 만들겠다는 박지원 대표의 사명감을 홈쇼핑 구매담당자, 신용카드 회사의 신용평가 담당자, 은행 대출심사역 들은 알지 못했다.

이처럼 때로는 사회 어느 곳에서 자존심 상하는 일을 겪을 수 있다. 하지만 창업가는 굳은 자존감Self-confidence을 지켜야 한다. 자존감이 무너지면 깊은 실패중력장에 빠질 위험이 크다.

거절

"얼마나 세게 때리느냐가 중요한 게 아냐. 얻어맞고도 얼마나 계속 버틸 수 있느냐가 중요한 거지."
– 록키, 영화 〈록키 발보아〉 중에서
"It ain't how hard you hit. It's how hard you can get hit and keep moving forward."
– Rocky, from the movie 〈Rocky Balboa〉

내 일의 대부분은 거절하는 것이다. 제품을 개발할 때는 온갖 아이디어가 들어오고 팀원 모두가 한마디씩 거든다. 모두의 의견을 들어주면서 동시에 모두 거절하기란 무척 어려운 일이다. 핵심이 되는 10%에 집중하려면 나머지 90%를 거절해야 한다. 그렇지 않으면 정말 정성들여 만든 스시 한 점을 파는 장인이 아니라 30가지 맛없는 음식을 내놓는 동네 분식집이 되어버리기 때문이다.

온갖 미팅도 거절해야 한다. 만나기 싫어서가 아니라, 이번 주에 내가 집중해야 할 일이 있기 때문이다. 나의 시간은 한정되어 있고, 정해진 시간을 가장 효율적으로 쓰기 위해서는 업무와 미팅, 개인 일정과 휴식을 적절히 배분해야 한다. 어쩔 수 없는 미팅 요청을 수락하는 것보다 내가 만나고 싶은 사람을 만나는 것이 더 중요하다.

파트너십 제안, 행사참석 요청, 지인의 소개, '알아두면 좋을 사람', 투자제안과 요청, 강의요청 등이 모두 경계 대상이다. 사실 나도 이 모든 것들에 100% 냉정하게 거절하지 못한다. 하지만 내 가슴에 두 번 세 번 물어본다. 정말 거절하지 못할 일인가? 10%의 즐거운 일, 꼭 필요한 일, 핵심에 가까운 일에 집중하기 위해서는 90%를 거절해야 한다. 다만 상대방이 이런 나의 의도를 이해해주기를 바랄 뿐이다.

채용

"모두가 훌륭한 아티스트가 될 수는 없지만, 훌륭한 아티스트는 생각지도 못했던 곳에서도 나올 수 있다."
– 영화 〈라따뚜이〉 중에서

"Not everyone can become a great artist, but great artists can come from anywhere."
– From the movie 〈Ratatouille〉

회사는 구성원 각자의 재능을 활용해 공동의 목표를 이루고자 하는 집단이다. 이런 집단의 가장 좋은 예는 스포츠 팀이다. 예를 들어 야구팀에는 각자 맡은 포지션이 있다. 투수와 포수, 내야수와 외야수 등 각자 가진 재능과 역량에 따라 역할을 부여받고 팀의 공동 목표(상대팀보다 많은 점수를 내서 이기는 것)를 위해 최선을 다한다.

프로야구 감독이라면 아마 그의 책상 위에는 다음 해에 리크루팅할 선수명단이 놓여 있을 것이다. 프로팀 감독들은 대학교, 심지어 고등학교 경기까지 다니면서 선수들의 명단을 분석한다. 누가 공을 잘 던지는지, 누가 좋은 타자가 될 감인지, 누가 우리 팀의 1루수에 가장 잘 어울릴지 미리 명단을 만들어두고 분석하고 있을 것이다.

당신은 어떠한가? 프로스포츠단 감독들은 리크루팅에 그렇게 열심인데, 당신은 편하게 취업사이트에 광고 하나 내고는 좋은 사람이 뽑히기를 기대하고 있지는 않은가? 당신이 뽑고자 하는 사람들을 어디 가서 찾으면 좋을지 알고 있는가? 지금 당장 뽑을 사람 말고 1년 뒤, 5년 뒤, 10년 뒤 함께 일하고 싶은 사람들의 명단을 가지고 있는가?

출근이 즐거운 회사

"자랑하긴 싫지만, 나는 이 행성에서 제일 잘나가는 식물학자라고."
– 마크 와트니, 영화 〈마션〉 중에서
"I don't want to come off as arrogant here, but I'm the best botanist on the planet."
– Mark Watney, from the movie 〈The Martian〉

사장이 해야 할 중요한 일 중 하나는 내일도 직원들이 즐겁게 출근하도록 만드는 것이다. 어렵게 모은 팀원들이 열정을 품고 일을 시작한 지 불과 몇 달, 또는 1년도 지나지 않아 어느새 열정을 잃어버리고 마치 출근기계마냥 맥빠진 모습으로 사무실 문을 열고 들어오곤 한다. 나는 사무실 출입문에서 가장 가까운 책상을 쓰며 매일 아침 출근하는 직원들과 인사하고 안색을 살핀다. 기분 좋게 "안녕하세요!"를 외치는 팀원들이 몇 명이나 되는지, 누가 풀이 죽어 있는지, 개인사인지 아니면 회사에서 일어나는 일로 스트

레스를 받고 있는지 유심히 살핀다. 감기에 걸렸거나 건강이 좋지 않은 사람에게는 따로 가서 일단 병원부터 들렀다가 집에 가서 쉬라고 한다. 무언가 업무가 잘 안 되고 있구나 싶은 직원에게는 커피 한 잔 같이하며 요즘 집중해서 하는 일이 무엇인지, 또 어려운 과제가 무엇인지 물어본다.

많은 직원들이 이런 생각을 하고 있지는 않은지 생각해보라. 입사 첫날의 흥분과 기대와 열정은 어디로 갔는지? 더 이상 자신이 하는 일에 재미를 붙이지 못하는 건 아닌지? 왜 하루빨리 우리 회사를 그만두고 싶어 하는지? 이런 직원이 많을 것 같다는 느낌이 들면 회사는 비상사태다. 긍정의 에너지로 상승하지 못하고, 실패중력장에 이끌려 심연 깊은 곳의 실패 속으로 빨려들어가는 중이다.

다시 생각해보라. 우리 회사 직원들 중에서 내일 아침에 출근하고 싶어 할 사람이 몇 명이나 될지. 만족스러운 대답이 나오지 않는다면 지금 당장 어떻게 하면 직원들이 입사 첫날의 그 열정을 다시 가지게 할지, 방법을 마련해야 한다.

창업가의 일

"높은 권력에는 엄청난 책임이 따르는 법이야."
– 〈스파이더맨〉 중에서
"*With great power comes great responsibilities.*"
– 〈*Spiderman*〉

스타트업을 처음 시작하게 되면 아이디어를 내고 개선하는 일, 제품개발, 사무실 운영, 채용과 인사, 마케팅, 영업, 법무, 세무, 회계 등 온갖 일들이 창업가의 책상 위로 밀려온다. 처음에는 이 모든 일들을 직접 하는 것이 중요하다. 머지않아 대부분의 일들을 적절한 전문가에게 위임하게 되겠지만, 그래도 적어도 내가 해보고 위임하는 것과 아무 것도 모른 채 위임하는 것은 차이가 있다.

회사가 성장하면서 일의 권한과 책임을 온전히 위임하는 것은 매우 중요하다. 수십 명 직원들에게 일일이 창업가가 하나부터 열까지 관여하는 것은 회사 전체의 속도를 떨어뜨리는 원인이 된다. 회사에 필요한 일을 가장 잘해낼 사람을 찾아서 맡기고 그에 필요한 권한과 책임을 주는 것이 창업가의 가장 중요한 일이다.

하지만 창업가가 결코 위임하지 말아야 할 일들도 있다.

첫째, 채용과 해고, 성과보상에 관한 일이다. 채용은 창업가의 가장 중요한 일이다. 구글의 창업가 래리 페이지는 불과 몇 년 전까지도 모든 신규입사자들의 채용서류를 직접 보고 사인했다. CEO가 채용을 가볍게 여기고 구직사이트에 채용공고 몇 개 내고, 이력서를 충분히 읽어보지도 않은 채 대충 직원을 채용하는 회사치고 잘되는 회사를 본 적이 없다. 해고도 마찬가지다. 해고는 중대한 문제이고 엄청난 책임이 따르는 결정이다. CEO나 창업가가 아니면 아무도 대신할 사람이 없다. 성과보상은 인사권자로서 쓸 수 있는 대단히 강력한 도구다. 이 도구를 어떻게 쓰느냐에 따라 회사에 가장 뛰어난 사람들만 남을지, 아니면 가장 성과가 좋지 않고 동기도 없는 사람들만 남을지가 결정된다. 아직 조직관리와 성취심리학에 대해 공부하지 않았다면, 최소한 그 분야를 잘 아는 교수들과 친해지기를 권한다.

둘째는 비전과 목표 수립이다. 회사의 비전을 세우는 데에는 창업가의 비전이 가장 중요하다. 엘론 머스크는 "스페이스X는 인류가 아직 가보지 못한 우주를 탐험하기 위해 설립되었다. 이를 위해 스페이스X는 인류를 화성에 정착시키기 위한 기술을 개발한다"라고 회사의 비전을 제시했다. 인류가 한 번도 가보지 못한 화성으로 간다는 엄청나게 큰 목표지만, 동시에 현실적인 기술개발을 제시하면서 전 세계에서 열정과 꿈이 있고 최고로 똑똑한 사람들을 모으고 있다.

하지만 주의할 것이 있다. 회사의 비전은 단지 벽에 걸어놓는 보기 좋은 문구가 아니다. 회사의 비전은 창업가와 초기의 기억을 공유하는 사람들이 공통적으로 믿는 회사의 가치와 미래를 제시하는 것이어야 한다. 비전은 구성원들이 날마다 행동하는 기준이 되어야 한다. 때로는 창업가의 초기 비전과 100% 일치하지 않을 수도 있다. 그럴 때는 수정하기를 두려워하지 말라. 창업가는 언제나 회사 구성원 공통의 비전을 찾고 제시하기 위해 노력해야 한다.

분기워크숍은 내가 주재하는 가장 중요한 회의다. 회사의 주요 계획을 수립하는 회의인데, 과거에는 매달 해보기도 했고 1년에 한 번 해보기도 했지만, 내가 찾은 가장 효과적인 주기는 분기별로 개최하는 것이다. 매 분기 초가 되면 직전 분기를 회고하고 다음 분기와 1년 정도의 기간 동안 우리가 이루어야 할 가장 중요한 목표를 설정한다. 이는 회사를 경영할 때 CEO로서 내가 하는 가장 중요한 일 중 하나였다. 그런 만큼 분기워크숍을 굉장히 공들여 준비하는데, 많은 시간을 들인 만큼 다음 석 달 동안의 목표를 분명히 제시하고 나면 그다음 분기에 내가 할 일이 많이 줄어든다. 모든 사람들이 분기회의에서 합의한 목표와 활동계획들을 제대로 이해하고 나면 그만큼 일이 쉬워지기 때문이다.

셋째는 기업문화다. 창업가는 우리 회사의 문화가 어떤지 유심히 살펴보고 또 어떤 문화로 발전시켜 나가면 좋을지 끊임없이 고민해야 한다. 이를 행동으로 옮기기는 쉽지 않다. 창업가의 마음속에 24시간 모니터링 시스템이 돌고 있지 않으면 어려운 일이다. 기업문화는 단지 즐거운 회식이나 체육대회 같은 것이 아니다. 또 멋진 사내카페나 식당 같은 것도 아니다. 기업문화는 창업가와 구성원들의 마음속에 새겨진, 회사가 지켜야 할 가치에 대한 공통의 기억이다. 기업문화는 비전처럼 구성원들의 행동기준이 되어야 한다.

1999년 픽사는 〈토이스토리2〉를 제작하고 있었다. 개봉을 불과 7개월 앞둔 시점에 경영진은 영화가 제대로 만들어지고 있지 않다는 것을 깨달았다. 배급을 담당하기로 한 디즈니는 몇 년씩 걸리는 장편 애니메이션을 다시 제작할 수는 없으니 현 상태 그대로 마무리해서 개봉하자고 했다. 하지만 픽사의 경영진은 잘못 만들어진 영화를 내놓을 수는 없다며 스토리 전체를 새로 쓰기로 했다. 개봉이 한참이나 지연된 픽사는 경영위기 직전까지 갔지만 〈토이스토리2〉는 결국 큰 성공을 거두었고 픽사의 명예를 높였다.

한창 제작 중이던 영화를 접고 다시 시작할 때의 좌절감, 과연 이 영화가 개봉될 수 있을까 하는 의구심, 계속 투입되는 제작비에 따른 경영난을 딛고 마침내 극장 상영이 시작되었을 때의 희열과 성취감은 상상 이상이었을 것이다. 이렇게 조직 전반에 공통된 고통과 성취의 기억들이 쌓여 만들어지는 것이 기업문화다. 어려움에 닥쳤을 때에야 회사의 철학이 무엇인지, 회사가 중요하게 생각하는 가치가 무엇인지를 경험할 수 있다. 이런 중요한 순간을 통해 구성원들은 기업문화를 만들어 나간다.

내가 창업했던 회사에서는 출퇴근 시간을 엄격하게 지키지 않았다. 우리는 서로 신뢰하고 출퇴근 시간을 자유롭게 정하는 대신, 모두 제대로 일해주리라 믿자고 했다. 그 믿음을 지키는 것은 쉽지 않다. 하루는 어느 직원이 다른 사람이 출퇴근 시간을 잘 지키지 않는다고 불평한 적이 있었는데, 나는 지각을 한 직원이 아니라 그 사람을 지적한 직원에게 다른 사람의 출근시간에 대해 코멘트하는 것은 적절치 않다고 말해주었다. 우리 회사를 서로의 출퇴근 시간을 감시하는 5호 담당제처럼 운영하고 싶지 않았기 때문이었다.

나는 우리 회사가 출퇴근 시간을 지키는 것보다 더 좋은 제품을 만드는 데 집중하기를 바랐다. 출근이 늦어서 중요한 회의에 참석하지 않거나 마감기한을 지키지 못한다면 문제가 되겠지만, 자신이 해야 할 일을 다 하고 제대로 해낸다면 나에게는 출퇴근 시간이 그리 중요하지 않았다. 그리고 우리 모두가 그러기를 바랐다. 우리가 정한 이런 가치를 제대로 지키려면 작은 일이라도 항상 신경 쓰면서 처음의 가치가 무엇인지 잊지 않아야 한다. 누군가 우리가 정한 원칙을 지키지 않아서 우리가 믿는 가치를 훼손한다면 혹독한 책임을 물어야 했다.

보통 기업문화라고 하면 초콜릿과 맛난 것들로 가득한 키친과 자유로운 복장, 영어 이름으로 부르는 (겉으로 보기에) 수평적인 조직과 같은 것들을 떠올린다. 하지만 이런 것들은 기업문화가 아니다. 어느 회사나 돈만 있으면 멋진 사내식당과 카페를 꾸밀 수 있다. 그러나 영어 이름을 부르더라도 위에서 내려오는 의사결정과 상명하복 식의 조직문화는 여전히 바뀌지 않을 수 있다.

구글의 구내식당은 멋지고 맛있기로 유명하다. 전 세계 구글오피스는 모두가 한 번쯤은 와서 경험해보고 싶어 하는 훌륭한 식당을 운영하고 있다. 하지만 구글의 기업문화는 단지 멋진 식당을 가지고 있다는 자부심이 아니다. 끊임없이 데이터를 모으고, 테스트하고, 개선하는 구글의 정신이 구내식당에 스며 있지 않다면 단지 비싼 외식업체일 뿐이다. 예를 들면, 구글의 식당 매니저들은 샐러드와 저칼로리 음식을 직원들이 더 많이 선택하도록 하는 방법을 연구했다. 그릇의 컬러를 바꿔보기도 하고 샐러드 용기의 크기와 모양을 바꿔보기도 했다. 진열대의 위치를 바꾸기도 했고 심지어 포크도 바꾸면서 그런 실험이 직원들의 선택에 어떤 영향을 주는지 데이터를 모았다. 그렇게 함으로써 더 많은 직원들이 건강식을 선택하도록 도움을 주고 있다.

이렇게 회사의 구성원들이 스스로 정한 원칙을 항상 생각하고 지켜가는 것이야말로 진정한 기업문화다.

CEO의 성적표

"사장은 명예직이 아니다. 성과로 평가받는 자리다. 다른 사람들이 자신에게 고마움을 표시하기 바라지 말라. 좋은 사람으로 평가받기를 기대하지도 말라."
– 김동신, 센드버드 창업자

성적표를 받는 순간에는 기대와 두려움, 기쁨과 실망이 동시에 교차한다. 학교 다닐 때는 수능시험이 있었고, 취업을 위한 면접이 있었으며, 회사를 다니는 사람이라면 매년 또는 분기별로 성과평가를 한다. 평가에 따라 대학에 붙기도 하고, 취직에 성공하기도 하며, 진급과 성과급이 결정된다.

스타트업의 CEO는 무엇으로 평가받을까? 많은 것들이 있겠지만, 그것들이 요약된 보고서 한 장은 그 해의 재무제표다. 1년 동안 회사가 무슨 일을 했는지, 어떤 결과가 나왔는지는 재무제표를 보면 상당 부분 알 수 있고, 많은 사람들이 이 표 하나로 CEO의 역량을 평가한다. 그러므로 CEO라면 재무제표를 보고 설명할 줄 알아야 한다. 자기 성적표가 A+인지 C인지도 모른다면 경영자로서 자질이 없는 것이다.

물론 재무제표에도 한계는 있다. 단기지표와 현재 상황을 알려주기에는 좋지만, 장기적인 비전과 CEO의 장기전략을 보여주기에는 부족하다. 하지만 그마저도 CEO는 받아들이고, 주주들과 고객들에게 재무제표 이면에 담겨 있는 장기전략과 비전을 최대한 설명할 줄 알아야 한다.

일과 휴식

"나에게 비즈니스란 수트를 입고 주주들을 기쁘게 하는 것이 아니다. 오히려 내 자신과 나의 아이디어를 실현하는 것처럼 본질에 집중하는 것이다."
– 리처드 브랜슨, 버진 그룹 CEO
"*To me, business isn't about wearing suits or pleasing stockholders. It's about being true to yourself, your ideas and focusing on the essentials.*"
– *Sir Richard Branson, CEO of Virgin Group*

나는 딱히 일과 놀이를 구분하지 않는다. 스타트업이란 9시부터 6시까지 근무하고 퇴근하면 내 취미를 즐길 수 있는 성질의 것이 아니다. 그건 샐러리맨의 삶이다. 창업가는 일단 일이 즐겁다. 스스로 벌인 일이니 당연히 즐거울 수밖에 없다. 밥을 먹으면서도, 밤에 친구들과 맥주를 마시면서도 일을 할 수 있고, 이게 스트레스로 느껴지지 않는다. 주말에도 집중이 잘되거나 일을 하고 싶은 생각이 머릿속에서 떠나지 않는다. 그러면 주말에도 일한다.

어느 날 강남의 쇼핑몰 코엑스에서 주말 오후를 보내다 쇼핑몰

광장 한쪽에 앉아서 랩톱을 켜고 코딩에 열중하는 노정석 대표를 본 적이 있다. 노정석 대표는 과거 자신이 창업한 회사를 구글에 매각하기도 했고, 티몬과 미미박스 등에 투자를 한 엔젤투자자이며 지금도 스타트업을 하고 있는 유능한 창업가다. 하지만 주말 오후 쇼핑몰 바닥에 주저앉아 랩톱을 뚫어져라 바라보며 일하는 모습은 정말 자신의 일을 좋아하지 않으면 보기 어려울 것이다.

그렇다고 24시간 일만 하라는 것은 아니다. 오히려 창업가에게 휴식은 매우 중요하다. 출퇴근 시간이 상대적으로 유연하고 업무의 시간적, 공간적 제약이 느슨한 만큼 창업가는 하루종일 일더미에 파묻혀 지내기 쉽다. 그러면 얼마 지나지 않아 육체적, 정신적으로 지쳐서 더 이상 일을 하지 못하는 때가 온다.

창업가에게 휴식이란 체력을 유지하는 것 외에도 정신이 맑고 명확한 상태를 유지하는 것을 말한다. 수없이 밀려오는 수십 가지 잡다한 일들을 머릿속에 넣어둔 상태로는 올바른 판단과 결정을 하기 힘들다. 나는 생각할 거리가 많을 때는 여행을 한다. 내 경우 비행기나 기차에서 가장 생각이 잘 정리되고 새로운 해결방법을 잘 찾는 편이다. 머릿속이 복잡한 날은 그냥 서울역으로 가서 부산행 기차를 타고 왕복하기도 한다. 기차 안은 반나절 동안 나를 괴롭히는 오로지 한 가지 문제에 대해 골똘히 생각하는 공간이 된다. 새로운 환경은 새로운 영감을 주기도 한다. 내가 평소에 발견하지 못했던 것들, 또는 새롭게 만나는 사람, 낯선 환경 등이 전혀 새로운 시각을 제공해주기 때문이다. 가령 샌프란시스코로 출장을 갈 때가 그랬다. 비행기 안에는 인터넷도 없고 방해하는 사람도 없어서 10시간 동안 한 가지만 골똘히 생각하거나, 아니면 온갖 잡생각을 하거나, 새로운 잡지를 읽는 시간이 되었다. 출장을 다녀오면 내 노트는 새로운 생각과 구상들로 몇 페이지가 가득 찼고, 때로는 굉장히 유용한 해결책이 담기기도 했다.

명상도 좋은 방법이다. 단 15분간의 명상으로 생각을 다시 정리할 수 있다. 짧은 명상으로 몸 속 에너지도 회복되고 머릿속도 맑아진다. 나는 명상 전문가는 아니지만, 가끔 시도해보는 명상은 꽤 도움이 되었다. 요즘은 명상(마인드풀) 관련 앱들도 나와서 도움을 받을 수 있다. 국내에는 '마보'라는 앱이 나와 있고, 해외에는 '심플해빗Simpe Habit'이라는 앱이 있다. (심플해빗도 김윤하라는 한국교포 창업가가 만든 서비스다.) 간단하게 명상을 시작해보고 싶다면, 이 앱들의 도움을 받아보길 권한다.

창업가의 삶은 바쁘다. 언제나 할 일은 많고 시간은 부족하다. 도와줄 사람은 없고, 문제는 점점 꼬여만 간다. 내가 창업가로서 가장 후회스러운 결정을 한 때는 언제나 가장 바쁜 때였다. 너무 바쁘면 정신적 여유가 없고, 항상 그럴 때 잘못된 결정을 했다. '좀 더 생각할 시간이 있었다면' 하고 후회했지만 이미 일은 잘못 돌아가고 있었다.

창업가는 항상 여유를 가져야 한다. 언제나 20% 정도는 다른 생각을 하거나, 쉬거나, 다른 일을 해야 한다. 지금 당장 해결해야 하는 골치 아픈 문제 때문에 다른 생각을 할 여유가 없다고? 내 경험으로는 그럴 때일수록 더 여유를 가지고 다른 일을 하는 것이 도움이 된다. 어느 순간 나를 괴롭히던 그 문제를 해결할 멋진 아이디어가 떠오를 테니까.

창업가는 매일 같은 일만 반복하는 것을 경계해야 한다. 반복적인 일은 누군가에게 위임하거나 자동적으로 해결되는 시스템을 만들어야 한다. 그리고 새로운 일을 찾아야 한다. 창업가가 새로운 시도를 하지 않으면 조직은 정체되기 시작한다.

피자 나눠먹기

"들어오든지 나가든지. 지금 결정해."
– 대니 오션, 영화 〈오션스 일레븐〉 중에서
"You're either in or you're out. Right now."
– Danny Ocean, from the movie 〈Ocean's eleven〉

7명이 공동창업한 어느 스타트업의 창업가가 나를 찾아와 고민을 털어놓았다. "친구들과 창업한 지 1년도 안 되었는데 처음과 달리 지금은 모두 생각이 달라 의사결정도 안 되고 갈등만 쌓이고 있어요."

이 회사는 공동창업자 7명이 공평하게 지분을 나눠 갖고 있었다. 심지어 이사회도 7명으로 구성했다. 당연히 이사회나 주주총회는 극명하게 의견이 대립할 때 무엇 하나 의결할 수 없었고, 경영진은 그 어떤 중재방안도 갖고 있지 않았다. 공동창업자 7명이 단

하나 만장일치로 합의한 것은 회사를 청산하자는 결의뿐이었다.

많은 벤처투자자나 멘토들은 이런 상황을 피하기 위해 가능한 한 지분구조는 공평하게 나누지 말라고 조언한다. 공동창업자 중 단 한 명, 책임질 수 있는 사람 한 명이 지분을 좀 더 많이 갖고 CEO를 하는 것이 좋다. 단지 회사를 성장시킬 능력뿐 아니라, 회사가 어려운 상황에 처했을 때 책임질 수 있는 사람이 더 많은 지분을 가져가는 것이 맞다. 이사회 구성도 가급적 홀수로 하고, 초기에는 3인 정도로 하는 것이 좋다. 어차피 나중에 회사가 커지고 투자자도 들어오면 이사 수는 5인에서 7인으로 늘어나게 된다.

만약 주주 구성이나 이사회를 앞의 조언대로 만들 수 없다면, 공동창업자들끼리 미리 명확한 의사결정 방법을 마련해두길 바란다. 믿을 만하고 충분한 경험이 있으며 공동창업자들 모두가 존경할 만한 멘토가 있다면, 다툼이 있을 때 이 사람에게 물어보고 그대로 따르기로 미리 문서화하는 것도 좋은 방법이다. 이도 저도 아니라면 그냥 동전 던지기로 결정하는 것도 나쁘지는 않다. 가장 좋지 않은 것은 아무런 결정을 내리지 못하는 것이며, 어느 결정이든 이보다는 좋기 때문이다. (분명 한쪽은 그렇게 생각지 않을 테지만.)

공동창업자들의 지분은 피자 나누듯 똑같이 자르면 안 된다. 책임질 한 사람을 분명히 정하고, 그 사람이 더 많이 가져가도록 하라.

주주간계약

공동창업자들 사이에는 반드시 주주간계약을 만들어두어야 한다. 처음에는 모두 같은 뜻으로 시작하지만 사업을 하다 보면 갈등이 생기기도 하고, 심지어 퇴사로 이어지기도 한다. 주주간계약서에는 공동창업자들의 주식처분을 제한하고 먼저 다른 공동창업자가 매입할 수 있도록 하여 외부의 모르는 사람에게 회사 지분이 상당량 나가는 일을 막는 조항을 넣을 수 있다(주식처분의 제한). 기관투자자가 있을 경우에는 기관투자자가 이 권리를 먼저 가져가기도 한다. 또 주요 공동창업자가 퇴사할 경우, 미리 정해둔 양만큼 주식을 다시 반환하거나 다른 공동창업자 또는 투자자에게 매각하도록 강제할 수 있다. 이런 조항은 초창기 스타트업이 리더십의 갈등을 겪을 때에도 안정적으로 경영이 이어지게끔 하는 장치가 된다. 주주간계약은 창업할 때나 초창기에 빨리 해두는 것이 좋다. 회사가 성장한 후에는 주주 간에 이런 계약을 만들기가 무척 어려워진다.

공동창업자의 다툼

"적과 맞서기 위해서는 굉장한 용기가 필요하지만, 친구에 맞서기 위해서는 더 큰 용기가 필요하다."
– 덤블도어 교수, 영화 〈해리포터와 현자의 돌〉 중에서
"It takes a great deal of bravery to stand up to your enemies, but a great deal more to stand up to your friends."
– Professor Dumbledore, from the movie 〈Harry Potter and the Philosopher's Stone〉

"같이 창업한 공동창업자 B는 이제 회사가 커지면서 많이 소외되는 것 같아요. 나중에 들어온 신임 마케터에 비해 실적도 밀리고, 많은 동료들에게서 신뢰도 잃은 것 같아요. B 스스로도 예전과 같은 열정을 못 느끼는 것 같고요." 내게 찾아온 창업가 A의 고민이었다.

공동창업자도 해고나 평가에서 예외일 수 없다. 회사를 처음 시작할 때 어려운 시기를 함께 보내며 고생한 동료를 내보내기란 쉽지 않다. 하지만 만약 공동창업자가 커버린 회사규모에 적응하지

못하고 오랜 기간 실적을 못 내고 있다거나, 책임에 걸맞은 일을 수행하고 있지 못한다거나, 리더십을 보여주지 못하고 빈둥빈둥 놀고 있다거나 하는 것은 매우 좋지 않은 신호다. 나중에 들어온 직원들이 볼 때, 최고경영진 중 일부가 제대로 된 실력을 보여주지 못하거나 리더십으로 모범을 보여주지 않는다면 실망하여 자신들의 업무도 게을리할 수 있기 때문이다. 실행에 옮기기 쉬운 일도 아니고 복잡하긴 하지만, 이런 경우 공동창업자와 헤어지고 새로운 사람들에게 길을 내주는 것이 회사의 미래를 위해 낫다.

가족 같은 회사

"팀 안에 '나'란 없어. 팀워크야말로 드림팀을 만드는 거지."
– 마이크 워조스키, 〈몬스터 주식회사〉 중에서
"There's no "I" in team. Teamwork makes the dream work."
– Mike Wazowski, 〈Monsters Inc.〉

"우리 회사는 가족 같은 분위기예요."

"공동창업자는 오랜 기간 친분을 다져온 가족 같은 관계입니다."

많은 기업들이 회사 분위기를 설명할 때 이렇게 말한다. 심지어 공동창업자가 실제 부부이거나 형제, 부모-자식으로 이루어진 스타트업들도 간혹 본다.

하지만 회사 동료는 가족이 아니다. 가족은 서로의 흠이 있더라도 사랑으로 감싸주고 위로해주는 존재다. 회사 내에서는 많은 갈등이 일어난다. 여기서 갈등이란 감정적인 갈등이나 싸움을 의미

하는 것이 아니라, 회사의 공동 목표를 위한 합리적이고 서로 다른 의견을 말한다. 회사는 이러한 갈등이 끊임없이 일어나고 이를 합리적으로 해결하는 조직이다.

권한과 책임도 분명해야 한다. 부부가 하는 회사의 사업이 어려워져서 10억 원의 대출을 못 갚게 되었을 때, 누가 채무를 져야 할지 명확해야 한다. (대체로 분명한 법적인 순서가 정해져 있다.) 그러나 부부라는 사적인 관계 때문에 의사결정은 더욱 어려워진다. 누군가 한 명은 신용불량자가 되어야 하는 순간이 오면 의사결정에서 감정을 배제하기 어렵다. 아버지와 아들이 하는 중견기업에서 직원들의 두터운 신임을 받는 영업총괄 본부장이 부사장인 아들과 갈등을 빚을 때, 사장인 아버지는 과연 객관적인 판단을 할 수 있겠는가?

회사의 분위기는 오히려 스포츠팀과 같아야 한다. 축구에는 각자 맡은 포지션이 있다. 최전방 공격수, 미드필더, 수비수, 골키퍼 등 각자 맡은 역할에 최선을 다하는 조직이어야 한다. 경기 상황이 좋지 않으면 이기기 위한 전략에 적합한 선수로 교체되기도 한다. 지는 경기에는 책임을 져야 한다. 최종적인 책임은 결국 감독의 몫이다.

조지 클루니George Clooney와 브래드 피트Brad Pitt가 주연한 영화 〈오션스 일레븐Ocean's Eleven〉은 11명의 은행강도단이 기발한 방법으로 카지노를 터는 범죄영화다. 이 영화는 또 스타트업 팀이 어떠해야 하는지 교훈을 주는 훌륭한 스타트업 영화이기도 하다. 주인공 대니 오션 역인 조지 클루니는 어쩔 수 없이 맡게 된 카지노 금고털이를 위해 포커 천재, 사기꾼, 곡예사, 소매치기, 폭파전문가 등을 리크루팅한다. 이들은 끊임없이 대니에게 "우리가 왜 이 팀에서 일해야 하는가?"를 묻는다. 결국 이들은 각자의 할 일을 해내면서 금고에 있는 현금을 빼내는 데 멋지게 성공한다.

스타트업의 팀도 이와 크게 다르지 않다. 리더는 큰 계획을 현실로 만들기 위해 작은 미션들로 쪼개고, 각각의 미션을 완수하기 위해 적임자를 찾아 팀으로 끌어들여야 한다. 리더는 팀원들에게 끊임없이 동기부여를 하고, 예상치 않게 터지는 여러 가지 사고들을 노련하게 이겨내야 한다.

해고를 해야 할 때

"위대한 기업을 이끄는 리더들은 '어디서' 시작하지 않고 '누구'와 함께하는지를 고민합니다. 적합한 사람을 버스에 태우고, 그렇지 않은 사람을 버스에서 내리게 합니다. 그리고 각자 맞는 자리에 앉게 하는 거죠."
– 짐 콜린스,《좋은 기업을 넘어 위대한 기업으로》 중에서
"Leaders of companies that go from good to great start not with "where" but with "who." They start by getting the right people on the bus, the wrong people off the bus, and the right people in the right seats"
– Jim Collins, from his book《Good to Great》

"같이 일하는 직원 중 하나가 우리 회사문화와 잘 맞지 않는 것 같아요. 실적도 안 나오고요."

"A는 실력은 좋은데, 동료들과 감정적으로 싸우는 일이 많아서 회사 분위기를 망치곤 해요."

직원 중 누군가 팀의 분위기를 해치고 있다면 하루라도 빨리 해고하는 편이 낫다. 성공하는 팀에는 건설적인 비판과 창의적인 해결방법을 논하는 사람들이 많다. 팀의 누군가 동료들의 감정을 소모하고, 열정을 반감시키며, 사내정치를 일삼는다면 이런 사람은

지금 당장 내보내야 한다. 그 사람이 아무리 실력이 뛰어나거나 팀에서 중요한 역할을 맡고 있다 하더라도 없는 편이 훨씬 낫다.

단, 열심히 했는데도 실적이 나오지 않을 때는 무작정 해고하지 말고 그가 잘할 수 있는 일이 무엇인지 먼저 고민해야 한다. 직원이 실적을 내지 못하는 이유의 절반 이상은 회사가 그 직원이 잘할 수 있는 일을 주지 않았기 때문이다. 일단 믿고 채용했다면 그가 즐겁게 일하고 최고의 실적을 낼 수 있는 일을 찾아주어야 한다. 단순히 단기간의 실적만으로 직원을 평가하지 말아야 한다.

회사의 은행 잔고가 1년을 버틸 만큼도 남지 않았다면 심각하게 인력감축과 비용절감을 고려해봐야 한다. 자금사정으로 인력을 감축해야 하는 경우는 훨씬 과감해질 필요가 있다. 더 빨리, 더 많이 감축해야 한다. 곧 매출이 오르거나 투자유치를 할 텐데, 그때를 위해 팀을 유지하는 것이 좋지 않은지 망설일 수 있다. 하지만 무작정 낙관적으로 생각할 수는 없다. 많은 경우는 기대했던 매출이 나오지 않거나, 거의 다 된 줄 알았던 계약이 깨지거나, 약속했던 투자유치에 실패한다. 다수의 창업가들이 구조조정을 할 때 모든 직원의 급여를 20% 삭감한다거나, 급여를 제때 주지 않고 미루는 방법을 동원하곤 한다. 이는 쉬운 방법이긴 하지만, 가장 피해야 할 대응이기도 하다. 이런 방법은 모든 직원의 동기와 열정을 없애는 결과를 낳는다.

구조조정에 성공하려면 더 빨리, 더 과감하게 감축하고 남은 사람들에게 더 많은 보상을 주어야 한다. 위기에 처한 회사를 턴어라운드시킬 '정예팀'으로 만들려면 최고의 실력과 실행력, 책임감을 갖춘 사람들만 남겨야 하는데, 명예퇴직 신청을 받는다든지 급여를 줄이는 방법으로는 오히려 반대의 결과를 만들기 쉽다. 그리고 이렇게 남은 위기대응팀에는 회사가 턴어라운드했을 때 당연히 과감한 보상을 주어야 한다.

해고를 빨리 해서 겪는 어려움이 해고를 늦게 해서 겪는 어려움보다 이겨내기 쉽다.

300년 사업계획서

"대부분 사람들은 1년 동안 할 수 있는 일은 무리하게 계획하지만, 10년 계획에는 소극적이다."
– 빌 게이츠, 마이크로소프트
"*Most people overestimate what they can do in one year and underestimate what they can do in ten years.*"
– *Bill Gates, Microsoft*

2010년 소셜게임을 만드는 스타트업을 시작하면서 내 머릿속에는 대략 3년간의 사업계획이 들어 있었다. 1년 안에 페이스북에서 소셜게임을 출시하고 전 세계에서 300만 명의 유저를 모으고(실제로는 3배가 넘는 1000만 명의 유저를 모았다), 스마트폰 게임을 출시하고, 글로벌 기업에 인수되는 것이 목표였다. 처음에는 계획대로 잘 되는 듯했다. 그런데 몇 가지 목표를 이루고 3년이 지나자 우왕좌왕하기 시작했다. 내 머릿속에는 그다음 비전이 없었던 것이다. 내가 우왕좌왕하니 팀원들도 헤매기 시작했다. 회사는 정리해고를 겪어야 했고, 공동창업자들 사이에도 갈등이 생겼다. 우리는 어디로 가야 할지 몰랐다.

2009년 소프트뱅크벤처스에서 투자심사역으로 근무하던 당시, 본사의 30년 계획을 준비하는 일을 했다. 소프트뱅크는 손정의 회장이 1981년 창업했으므로 2011년은 창립 30주년이 되는 해였다. 모든 임직원들은 회사의 지난 30년 역사를 뒤돌아보고 다음 30년의 성장을 위한 기초연구와 계획수립에 몰입했다. 그런데 어느 날 본사를 다녀온 사장님이 회의시간에 창백한 얼굴로 우리에게 계획 수정을 이야기했다. 손정의 회장이 다음 30년이 아닌 300년 계획을 세우라고 전 직원에게 지시했다는 것이다. 회의실에서 처음 이 이야기를 들은 우리는 무슨 말이지 하는 표정으로 서로 눈을 동그랗게 뜨고 쳐다볼 뿐, 당장 무엇을 어떻게 시작해야 할지 몰랐다. 300년 사업계획이라니! 세상에 어느 회사가 300년 사업계획서를 만든단 말인가. 우리는 전 세계에서 수백 년 역사를 가진 회사와 브랜드를 연구하기 시작했고, 어떻게 하면 인터넷기업이 300년 동안 지속하는 기업이 될 것인지 고민했다. 그리고 마침내 손정의 회장은 2010년 7월 컨퍼런스에서 소프트뱅크의 300년 계획을 발표했다.[27]

스타트업은 당장 이번 달 직원들에게 줄 월급을 걱정할 만큼 어려운 현실을 살고 있지만, 창업가는 300년짜리 계획을 머릿속에 넣고 있어야 한다. 우리가 만드는 제품이 어떻게 사람들의 생활방식을 바꿀지, 100년 뒤 사람들은 어떻게 살고 있을지, 우리는 어떻게 변화해야 할지 300년의 스케일에 맞는 고민을 해야 혁신을 멈추지 않고 달려갈 수 있다.

유니콘과 바퀴벌레

"미래는 종착역이 아니에요. 미래는 방향입니다."
– 에드 캣멀, 픽사
"*The future is not a destination – it is a direction.*"
– *Ed Catmull, Pixar*

'유니콘'이 빠른 성장을 통해 기업가치가 1조 원 이상이 된 성공한 스타트업을 가리키는 말이라면, '바퀴벌레'는 핵폭탄이 터져도 살아남는 바퀴벌레처럼 어떤 어려운 환경에서도 살아남는 생명력이 긴 스타트업을 말한다.

지금은 무려 30조 원이 넘는 기업가치로 평가받는 에어비앤비도 창업 초기부터 돈을 잘 벌거나 투자를 받은 것은 아니었다. 오히려 낯선 사람에게 자기 집의 남는 방을 돈을 받고 빌려준다는 창업자 브라이언과 조의 아이디어를 많은 사람들이 쓸모없는 아이디어라며 비웃었다. 실제 2008년 SXSW 컨퍼런스에 오는 사람들을 잡기 위해 시기를 맞춰 서비스를 론칭했지만, 단 두 명의 고객만이 이용했을 뿐이다. (그중 한 명은 창업자 브라이언 자신이었다.) 그럼에도 그들은 에어비앤비가 여행자에게 주는 새롭고 즐거운 경험을 더 많은 사람들에게 알리고 싶었고, 자신들의 신용카드를 돌려막으며 개발을 계속했다.

2008년 덴버에서 열린 민주당 전당대회는 에어비앤비에게는 '신이 준 기회'였다. 당시 대선 후보였던 버락 오바마를 보기 위해 10만 명 넘는 사람들이 덴버를 찾았지만, 시내 호텔에는 불과 3만여 개의 방이 있을 뿐이었다. 이마저 민주당원과 대선캠프 관계자들이 대부분 예약을 해버린 상황이었다. 브라이언과 조는 이 기회를 어떻게 하면 더 극대화할 수 있을까 고민했고, 에어비앤비를 이용하는 고객들이 아침식사로 먹을 시리얼을 팔기로 했다. 단, 평범한 시리얼이 아니라 포장박스에 '오바마 오Obama O's'와 '캡틴 맥케인Cat'n McCains'이라 적힌 시리얼을 한 박스당 무려 40달러에 팔기로 했다. 에어비앤비는 전당대회 기간 동안 시리얼로만 무려 2만 달러 넘는 매출을 올렸고, 신용카드 빚을 일부 갚을 수 있었다. 조와 브라이언은 이때 처음으로 '제품시장적합성Product Market Fit'의 퍼즐조각들을 맞춰가기 시작했다.

브라이언은 친구로부터 우연히 알게 된 와이콤비네이터에 지원해, 와이콤비네이터 파트너이자 벤처캐피털리스트인 폴 그레이엄Paul Graham과 인터뷰하게 되었다. 남는 방을 낯선 여행객에게 단기로 빌려준다는 에어비앤비의 아이디어에 그다지 공감하지 않았던 폴 그레이엄이 미팅을 마치고 방을 나서려고 할 때, 창업자 브라이언과 조는 폴에게 예의 시리얼 박스를 선물로 주었다. 폴이 이게 뭐냐고 묻자, 브라이언은 얼마 전 있었던 민주당 전당대회 동안 에어비앤비를 이용하는 고객들에게 팔고 남은 시리얼이라고 설명했다. 감탄한 폴은 "당신들은 마치 바퀴벌레 같네요! 어떻게든 살아남는 방법을 찾는 걸 보니!"라고 외쳤다.[28]

LG전자에서 스마트폰 개발을 하던 최혁재는 2012년 겨울, 직장을 그만두고 자신의 비즈니스 아이디어로 창업했다. 그가 생각했던 아이디어는 사람들이 스마트폰의 배터리를 공유하면서 마음껏 교환할 수 있게 해주는 서비스였다. 배터리가 떨어지면 충전하기까지 시간이 꽤 걸리니, 차라리 충전해주기보다는 이미 충전된 배터리로 교환해주자는 아이디어였다. 그는 LG전자를 그만두고 배터리 교환 서비스 '만땅'을 창업했다. 하지만 말이 창업이지, 동생과 함께 홍대 인근에 노점상을 차린 거나 다름없었다. 손으로 끄는 수레에 홍보 포스터를 붙이고 돌아다니는 게 창업자들의 일이었다. 사람들의 이목을 끌기 위해 큰 인형탈을 쓰고 다니는 후배는 그나마 나은 편이었다. 창업자들은 매서운 겨울바람을 맞아가며 지나가는 사람들에게 스마트폰 배터리를 교환해준다고 외치고 다녀야 했다. 그렇게 첫날에 두 개의 배터리를 교환했다. 그 후 살을 에는 추위와 노점상들의 텃세, 의심하는 고객들 사이에서 고군분투하며 두 달 동안 3000개 분의 배터리를 교환해주고 500만 원을 벌었다.

본엔젤스의 강석흔 파트너는 어느 날 메일함을 확인하다 최혁재가 보낸 이메일을 발견했다. 그가 설명하는 '만땅'의 사업 아이디어가 좀 의외였기 때문에 한 번 만나볼 필요는 있겠다 싶었다. 어느 겨울날 카페에서 만난 최혁재가 이미 홍대 길거리에서 수레를 끌고 다니며 배터리를 교환해주고 있다고 이야기했을 때, 강석흔 파트너는 눈을 동그랗게 뜨며 "이걸 진짜로 하고 있다고요?"라고 되물었다.

포기하지 않는 사람의 눈빛은 다르다. 본엔젤스의 강석흔 파트너는 '만땅'에 투자한 것이 아니다. 최혁재라는 사람이 앞으로 계속할 사업에 투자했을 뿐이다. 만땅은 얼마 안 가 접었지만, 본엔젤스뿐 아니라 샌프란시스코의 초기기업 투자자인 500스타트업

500Startups에서도 투자받았고, 그가 새로 만든 서비스인 '스푼'은 꽤 인기를 얻고 있다.

유니콘은 흔히 검증된 아이디어와 MVP로 벤처 투자자들의 자금과 지원을 받으면서 초고속으로 성장한 뒤 시장에서 독점적 지위에 오르거나 상장해서 1조 원 이상의 기업가치를 획득한다. 에어비앤비, 우버, 스냅챗이 대표적인 유니콘이다. 유니콘은 지금 당장은 돈을 못 벌더라도 장기적으로 큰 시장에서 스케일업하면 수익은 그 후에 충분히 거둘 수 있으리라는 믿음으로 투자자들의 지원을 받아 빠른 성장에 집중한다. 사람들의 예상대로 잘된다면 유니콘은 구글이나 페이스북, 아마존처럼 수익화에 성공해서 좀 더 장기적이고 안정적인 성장을 이어갈 수 있지만, 갑작스런 시장 상황 변화나 경쟁사의 공격 등으로 성장에 어려움을 겪을 위험도 있다.

엘론 머스크는 2008년 전 세계에 닥친 경제위기로 그의 스타트업 스페이스X와 테슬라Tesla의 투자유치에 실패했다. 투자자들은 경제위기 상황에서 그의 회사에 투자하기를 꺼렸고, 얼어붙은 시장에서 그의 상업용 로켓과 전기자동차를 사줄 고객을 찾기도 쉽지 않았다. 하지만 엘론은 자신의 돈을 넣어가며 회사를 살렸고,

생존하기 위해 노력했다. 지금 스페이스X는 2018년 화성탐사로켓 발사계획을 발표했고, 테슬라는 60조 이상의 기업가치[29]를 평가받고 있다.

스타트업이라면 누구나 유니콘을 꿈꾸지만, 현실은 바퀴벌레로 버텨야 한다. 바퀴벌레가 되는 방법은 두 가지가 있다. 끊임없이 동기부여를 하거나, 피보팅pivoting을 하는 것이다.

스타트업이 포기하지 않고 계속해서 실험을 시도할 수 있는 근본적인 이유는 팀원 모두가 공감하는 동기부여가 가능하기 때문이다. 그런데 많은 이들이 창업가의 포기를 모르는 의지와 밤낮 없이 일하는 근성을 헷갈려한다. 하지만 분명한 것은, 창업가가 근성이 있고 팀원들에게도 같은 근성을 요구한다고 해서 스타트업이 계속 굴러가는 게 아니라는 사실이다.

많은 스타트업이 처음에 아이디어를 내고 제품을 만들고 성장지표를 달성하는 데 집중한다. 문제는 창업가들이 아이디어와 제품에 너무 집중한다는 것이다. 아이디어는 틀리기 마련이고, 제품은 실패하기 마련이다. 제품이 한두 번 실패하면 패기가 꺾이고 실망한 직원들의 이탈이 시작된다. 나중에는 창업가들도 괴로워하며 방황하게 된다.

창업가는 제품이 아니라 비전에 집중해야 한다. 우리가 왜 이 일을 하는가? 우리가 풀고자 하는 문제를 해결하는 데 아이디어나 제품이 부적절하거나 잘못된 점은 없는가? 다른 방법은 무엇이 있는가? 이런 비전이 분명하면 제품의 실패는 결과가 아니라 과정이 된다. 실패로부터 배우고 다음 피보팅을 준비할 수 있다. 팀이 도달해야 할 목표지점이 분명하면 팀은 열정으로 뭉치고 매일매일 전진한다.

5장.

스타트업의 투자유치

투자유치 전 반드시 던져야 할 10가지 질문

창업가가 투자유치에 나서기 전, 반드시 해야 하는 10가지 질문이 있다.

첫째, 왜 투자받는가? 왜 벤처캐피털로부터 투자를 받아야 하는지, 왜 반드시 그 벤처캐피털리스트여야 하는지 스스로 질문해야 한다. 많은 창업가들이 단순히 연구개발비를 확보하기 위해, 제품을 개발하기 위해, 또는 회사에 돈이 떨어져가니까 생존하기 위해 벤처캐피털의 문을 두드린다. 하지만 벤처캐피털로부터 투자를 받는 이유는 회사의 성장을 위해서여야 한다. 다음 단계 목표는 무엇이며, 벤처캐피털의 투자가 그 목표까지 가는 속도를 더 빠르게 만들어줄 것인가? 또는 그 목표보다 훨씬 높은 목표에 도달하게 할 것인가? 벤처캐피털의 투자가 완벽한 J커브를 만드는 데 도움이 될 것인가? 이런 것들이 투자를 요청하는 목적이라야 한다. 또 테이블 반대편에 앉아 있는 벤처캐피털리스트가 왜 우리 회사에 투자해야 하는지에 대한 답변과 명분이 있어야 한다. 왜 나와 경쟁하는 다른 스타트업이 아니고 우리 회사에 투자해야 하는지 설득하는 논리가 있어야 한다.

둘째, 언제 투자받는가? 왜 지금 투자받아야 하는가? 투자를 받는 시점은 다양하게 생각해볼 수 있다. 처음 창업했을 때, 시제품이 나왔을 때, 실제 제품이나 서비스를 시작하기 직전, 어느 정도 사업이 성장했을 때, 공격적으로 경쟁자들을 압박하며 규모의 경제를 이루어야 할 때, 상장하기 직전 등 사업 성장 과정에서 투자유치가 필요한 때가 여럿 있다. 이런 시점을 어떻게 알 것인지, 투자유치에는 어떤 영향을 미치는지 미리 알아두는 것이 좋다.

셋째, 얼마나 투자받아야 하나? 아마 창업가가 가장 궁금해 하는 것은 얼마나 투자받을 수 있는지(좀 더 정확하게는 얼마나 투자받아야 하는지)일 것이다. 이 질문은 결국 우리 회사의 기업가치valuation가 얼마고, 기존 주주들이 얼마나 희석을 용인할 것인지에 대한 질문으로 변환할 수 있다. 예를 들면 우리 회사의 투자 전 기업가치Pre-money valuation가 90억 원이고 이번 라운드에 10억 원을 투자받는다고 하면, 투자 후 창업가의 지분율은 10% 감소할 것이다(투자자는 이번 투자를 통해 회사의 지분 10%를 확보하게 된다). 우선 투자 전 기업가치, 투자라운드, 지분희석이 무슨 뜻인지 미리 공부해야 한다.

넷째, (훌륭한) 사업계획서는 어떻게 쓰는가? 보통의 경우 투자자를 만나기 전 사업계획서나 회사소개서라는 문서를 메일로 전달해주며 검토해달라고 한다. 이미 아는 투자자가 아니라면 이 문서가 우리 회사와 팀을 알리는 가장 첫 단계이기 때문에 꼼꼼하고 인상 깊게 써야 한다. 그래서 창업가가 가장 신경 쓰는 단계 중 하나이기도 하다. 한 가지 일러두고 싶은 것은, 회사소개서나 사업계획서를 잘 쓰지 못했다고 해서, 피칭을 잘하지 못했다고 해서 투자를 받지 못하는 건 아니라는 점이다. 투자자 입장에서 보면, 훌륭하고 사업성이 밝은 회사인데 단지 사업계획서가 조금 서투르게 작성됐다고 해서 투자하지 않는 것이야말로 어리석은 결정일 것이다. 투자유치의 성공은 좋은 사업계획서를 쓴다고 해서 완성되는 것이 아니라, 앞서 말한 '왜 투자받는가', '언제 투자받는가', '얼마를 투자받는가' 등 10가지 질문에 대한 답변이 잘 맞아떨어질 때

완성된다.

다섯째, (훌륭한) 피칭은 어떻게 하는가? 투자자가 사업계획서에서 좋은 인상을 받았다면 창업가에게 연락해서 미팅을 요청할 것이다. 운이 좋다면 이런 사업계획서 검토 과정을 거치지 않고 네트워킹 파티나 우연한 자리에서 투자자를 만났을 때 짧은 소개와 설명만으로도 투자자의 관심을 끌 수 있다. (보통 이런 것을 엘리베이터 피칭이라고 한다. 엘리베이터에 타고 있는 짧은 시간 동안 상대방을 설득한다는 의미에서 나온 말이다.) 그렇다면 투자자들과 대화할 때 혹은 투자자 앞에서 발표할 때 어떻게 커뮤니케이션해야 성공적으로 투자를 유치할 수 있을까?

여섯째, 좋은 투자자는 어떻게 알아보는가? 이제는 창업가가 투자자를 평가할 차례다. 투자자 중에서도 우리 회사에 더 도움이 되는 투자자가 있고, 그렇지 않은 경우도 있다. 그들의 제안이 우리 회사에 어떤 도움이 되는지, 우리 회사의 빠른 성장을 뒤에서 열심히 도와주는 투자자인지, 아니면 공짜 로켓을 얻어 타려는 투자자인지, 더 나쁘게는 로켓이 뜨지 못하도록 훼방만 놓는 방해꾼 투자자인지 알아보아야 한다.

일곱째, 투자자를 만나서 어떤 이야기를 하는가? 투자자와 본격적인 투자 협상에 들어갔을 때, 이미 선수인 그들과 달리 처음 투자를 유치하는 창업가들은 당황하기 마련이다. 그들의 언어도 이해하기 어려울 뿐 아니라, 진행 과정 내내 투자자에게 끌려다니다 어느 순간 투자 거절 통지를 받는 경우가 허다하다. 투자유치를 성공적으로 마무리하려면 투자자들과 매일매일 어떤 대화를 해야 할까?

여덟째와 아홉째는 '투자 계약서에 어떤 내용을 담아야 하는가'에 대한 질문이다. 투자자가 내민 계약서에는 온갖 복잡한 조항들이 있는데, 크게 경제적인 조항과 경영 참여에 관한 조항으로 나뉜다. 여기서는 분명 변호사의 도움이 필요하지만, 창업가 스스로도 이 계약서에 나온 문구들이 무슨 의미인지 알면 협상을 이끄는 데 큰 도움이 된다.

열 번째, 투자받은 후에는 무슨 일을 해야 하나? 많은 창업가가 이 질문을 간과하는 경향이 있다. 투자유치에 성공하면 힘들었던 과정이 끝난 줄 알고 축하파티를 열며 끝내버리는 경우가 있는데, 오히려 투자유치를 마무리하는 날을 새로운 성장의 시작으로 인식해야 한다. 투자자가 생겼다는 것은 곧 우리 회사에 중요한 구성원이 생겼다는 뜻이며, 앞으로 이들과 같이 회사의 중요한 의사결정들을 해나가야 한다는 뜻이다. 마치 결혼과 같다. 힘든 연애 과정을 거쳐 결혼식을 치르고 나면 신혼집에서 삶의 동반자와 함께 새로운 살림을 시작해야 하는 것이다. 다만 투자자는 언젠가 투자금을 회수(엑시트라 부른다)해야 하기에, 이혼을 전제로 한 결혼 생활의 시작으로 이해하면 쉽다.

10개의 질문에 하나씩 답을 만들어가다 보면 어느 정도 투자유치에 자신감이 생길 것이다. 물론 쉬운 일은 아니다. 시간도 많이 걸리고, 경험도 쌓아야 한다. 혼자서 끙끙대기보다 가급적 많은 투자자를 만나 이야기하고, 혼나기도 하고, 지적과 칭찬 피드백을 100번 즈음 듣다 보면 어느 정도 감이 생길 것이다.

부디 성공적인 투자유치를 하기 바란다.

잘나가는 회사소개서

"읽을 만한 가치가 있는 걸 쓰지 못한다면, 글로 쓸 만한 가치 있는 일을 하는 편이 낫다."
– 벤저민 프랭클린
"Either write something worth reading or do something worth writing"
– Benjamin Franklin

회사소개서는 투자자나 주요 사업파트너들에게 우리 회사를 알리는 문서다. 회사소개서를 쓰는 데 딱히 정답이 있는 것은 아니고 시장규모, 문제점, 해결방법, 제품, 팀 등 꼭 넣어야 하는 항목들을 잘 담으면 좋은 회사소개서가 된다. 여기서는 내가 지난 10여 년 동안 수천 개의 회사소개서를 보고 나서 느꼈던 점, 특히 창업가들이 흔히 하는 실수나 자주 간과하는 것들 몇 가지를 지적하고 싶다.

시장규모와 시장분석

보통 시장규모를 이야기할 때 쉽게 구할 수 있는 시장연구기관이나 기사에 나온 수치를 아무 생각 없이 인용하는데, 그러면 안 된다. 투자자들이나 이 업을 오래 해온 사람들은 이미 이런 수치들을 익히 알고 있다고 생각해야 한다. 아무런 인사이트나 고민 없이 베껴 넣은 숫자는 오히려 창업자의 무지를 드러내 공격당하기 쉽다. 대신 자신이 보는 시장이 무엇인지, 어떤 문제가 있는지, 어떤 기회가 있는지 창업가만의 통찰력을 담아야 한다. 넷플릭스를 창업한 리드 헤이스팅스Reed Hastings는 당시 비디오 대여업을 분석하면서 소매점 없이 우편배달만으로 운영하고 연체료도 없는 시장을 발견했다. 아마 애널리스트들의 보고서만 인용했다면 이런 시장은 존재하지도 않았을 것이다.

1980년대 맥킨지컨설팅은 AT&T의 의뢰로 수행했던 시장분석 보고자료에서 2000년에도 전 세계 휴대폰 시장은 100만 대도 안 될 것이라 예측하며 모바일 시장에 진출하지 말라고 권고했다. 하지만 실제로 2000년에 전 세계 모바일 시장은 1억 대 이상으로 성장했고, 맥킨지의 예상은 100배 이상 차이로 틀렸음이 드러났다.

2007년 아이폰이 시장에 나온 지 2년 후, 2009년 세계적 리서치 기업 가트너Gartner Inc.는 2014년에도 여전히 심비안OSSymbian OS가

시장점유율 1위를 차지하는 모바일 OS일 것이라 예측했다. 또한 안드로이드는 불과 14.5%의 시장점유율만 가져갈 것이라고 예상했다. 그러나 2012년 심비안은 시장에서 철수했고, 안드로이드는 2014년 10억 대 이상 출시되면서 시장 1위의 모바일 OS가 되었다.

시장조사기관의 연구는 과거와 현재를 토대로 나온 것이기 때문에 무엇보다 기술로 인해 급격히 변화하는 미래를 예측하는 데에는 부적절하다. 오히려 창업가의 경험과 특출한 통찰력이 만들어낸 예상이 훨씬 잘 맞을 때가 많고, 이를 잘 설명해야 한다. 창업가와 벤처투자가는 바로 이런 특이점singularity을 찾는 사람들이다.

또 SWOT 분석, 4P 분석처럼 경영학 원론에 나오는 것들은 넣지 않으면 좋겠다. 사실 이런 것들은 제대로 하기도 어렵다. SWOT 분석은 결코 만만한 것이 아니며 그것만으로도 큰 컨설팅 회사에 의뢰할 만한 프로젝트가 된다. 갓 창업한 창업가가 5분 대충 생각해서 적은 내용은 시장에서 금방 들킨다.

우리가 어떻게 문제를 해결했나?

시장을 발견했다면 그다음은 우리 기술, 제품, 또는 솔루션이 어떻게 그 문제를 해결하거나 고객에게 어떤 가치를 줄 수 있는지 설명해야 한다. 온라인 푸드마켓 마켓컬리는 좋은 품질의 신선식품을 이른 아침에 문 앞까지 배송해준다고 약속했다. 음식을 신선하게 고객에게 배달하는 문제는 항상 시장의 큰 숙제였다. 또 마켓컬리는 고객이 밤늦게 주문하더라도 다음 날 아침이면 문 앞에 배송되도록 했는데, 이는 고객에게 큰 가치가 된다. 마켓컬리는 이 두 문제를 해결한 것은 물론 추가로 배송비용을 비롯한 여러 가지 문제도 한꺼번에 개선했다. 늦은 밤과 이른 새벽에만 배달하니 길이 안 막혀서 배송효율이 올라가고, 아무도 보지 않으니 배송트럭을 예쁘게 꾸며야 하는 수고와 비용도 절감할 수 있었다. (얼마나 많은 배송트럭들이 자신들의 브랜드를 알리기 위해 예쁘게 꾸미는지 생각해보라.)

시장이나 고객의 고통이 큰 만큼 회사의 가치도 크다.

어째서 우리가 이 문제를 해결할 최고의 팀인가?

사실 우리 회사의 기술이나 제품이 뛰어나다는 것을 설득하기란 쉽지 않다. 실제로 시장에서 검증되어야 하는데, 대부분은 그 검증 단계 전에 투자파트너들을 설득해서 투자유치를 해야 하기 때문이다. 이때 가장 효과적인 방법은 창업자들이 이 일을 가장 잘 해낼 사람들인가를 증명하는 것이다. 가령 스타트업이 하고자 하는 사업분야에 따라 제약이나 유통, 마케팅 또는 전자공학 분야의 박사학위가 있다거나 특정 분야의 오랜 경험이 있다면 효과적인 설득이 가능하다. 하지만 가장 중요한 요소는 우리 팀이 어떻게 시장의 변화에 가장 잘 적응하고 문제를 해결하고 수많은 좌절과 실패에도 굴하지 않을 것인지를 보여주는 것이다. 또한 공동창업자들이 서로 다른 분야의 전문가이면서도 합리적인 의사결정을 하는 팀이어야 한다. 특히 초기 투자자들은 사업계획서에 적힌 제품이나 특정 기술 때문에 투자하는 것이 아님을 명심하라. 그들은 창업가로서 당신과 공동창업자들이 만들어낼 미래의 혁신에 투자하는 것이다.

회사소개서 더 빛나게 만들기

회사연혁

회사연혁 같은 부가정보는 모두 문서 가장 뒤에 나오는 첨부자료로 작성하라. 우리나라 회사들의 사업계획서 중 99%는 첫 페이지에 회사연혁부터 나오는데, 과연 이게 가장 먼저 나와야 하는 정보인지 한번 곰곰이 생각해볼 일이다. 굳이 백년 삼대 장인정신으로 시작하는 사업이 아니라면 연혁은 볼 필요도 없다. (사장님 말씀, 사훈, 조직도 등도 모두 마찬가지. 사업계획서에 반드시 넣어야 할 게 아니라면 과감히 생략하라.)

회사 로고

페이지마다 회사 로고와 상표를 넣어야 하는가? 과도한 로고와 브랜드 사용은 사업계획서를 광고판처럼 만들어버릴지도 모른다. 뺄 수 있다면 각 페이지에서 회사 로고, 주석, 저작권 표시 등의 부가정보를 빼라. 앞표지나 뒤에 한 번 넣는 것으로 충분하다.

표지

표지에는 날짜, 회사 이름, 담당자와 전화번호, 이메일 등의 정보만 포함되어야 한다. 보통 주목을 끌기 위해 표지를 예쁘고 독특하게 디자인하려고 신경 쓰는데, 전문 디자이너의 도움이 없다면 오히려 프로페셔널해 보이지 않을 수도 있으므로, 그냥 차라리 흰색(혹은 검은색)으로 남겨두는 게 낫다.

피해야 할 의미 없는 단어들

- 월드베스트 : 무슨 근거로 월드베스트인지 구체적인 증거를 댈 수 없다면 이런 말은 쓰지 않는 것이 좋다.
- 글로벌리더 : 월드베스트와 마찬가지.
- 세계 최초, 세계 1등 : 구체적인 근거를 대야 한다. 예를 들어 '대한민국 1등 자전거'보다는 '2011년 판매 1위 자전거 브랜드'가 더 구체적으로 와 닿는다.
- 시너지 : 너무 추상적이다. 어떻게 도움이 되는지 구체적인 방법을 설명하는 게 좋다.
- 원천기술 보유 : 무턱대고 원천기술을 보유하고 있다고 말하기 전에, 상대방이 납득할 수 있는 근거를 제시해야 한다. 자신들의 특허나 보유기술을 경쟁사 또는 세계 기술시장의 동향이나 비교지수 등과 비교함으로써, 자신들이 개발한 기술이 정말 원천기술로 인정받을 만한 것인지를 스스로 입증해야 한다.
- 마지막, 허무하게 날리는 "Thank you" 메시지 역시 빼야 할 존재다.

맞춤법 검사와 영문 회사소개서

마지막으로, 누군가에게 보여줄 사업계획서라면 최소한 맞춤법 검사는 꼭 하도록 하자. 모국어도 제대로 못 쓰면 신뢰도가 10만 점 정도 깎인다. 영어로 쓸 때도 마찬가지다. 콩글리시로 도배한 사업계획서는 오히려 안 쓰는 것이 낫다. 영어로 쓸 거면 단순 번역이 아니라 여러 나라의 독자들이 제대로 이해할 수 있도록 써야 한다.

회사소개서와 사업계획서는 다른가요?

회사소개서와 사업계획서는 목적이 다른 문서다. 회사소개서는 주로 영업이나 일반적인 목적으로 우리 회사의 제품이나 현황을 소개하기 위함이다. 이와 달리 사업계획서는 제품이나 보유 기술에 대한 설명보다는 전체 시장 상황과 진출하고자 하는 시장, 시장의 문제점, 우리의 해결방법, 개발계획, 영업계획, 자금조달계획 등 중요한 전략적 의사 결정과 계획을 포함하고 있다. 사업계획서의 독자는 회사 내부와 주요투자자다. 이 책에서는 이 둘을 엄격히 구분하지 않고 두 문서 모두 투자자에게 전달한다는 것을 가정하여 설명한다.

가족, 친구, 비자라운드

"성공하는 사람은 평범한 일에 비범한 집중력과 노력을 오랫동안 쏟는다."
– 존 고든
"*Successful people do ordinary things with extraordinary consistency, commitment and focus.*"
– *Jon Gordon*

아이디어가 있고 MVP로 검증했다 하더라도, 제대로 된 스타트업으로 발전시키기 위해서는 돈이 필요하다. 스타트업이 로켓이라면, 벤처캐피털이 투자하는 거액의 투자금은 내 로켓을 우주궤도까지 쏘아올려줄 3단 로켓이다. 하지만 그 전에 스스로 날아오를 준비가 되어 있어야 한다. 이 준비과정에 들어가는 돈은 스스로 마련할 수밖에 없다.

제대로 된 벤처캐피털이나 외부 투자자가 투자해주기 전까지는 어떻게 회사를 운영할까? 먼저 가족과 친구들이 내 스타트업에 투자하는 방법이 있다. 이를 'F&F Friends & Family 라운드'라 부른다. 하지만 현실적으로는 잘나가던 직장을 그만두고 창업한다고 나선 것만으로도 곱지 않은 시선을 받을 텐데, 돈까지 달라고 하면 더욱 미운털 박히기 십상이다. 실제로 현금을 투자하지 않더라도 남편이나 아내가 따뜻한 말로 응원해주거나, 부모님이 지지해주시는 것만으로도 큰 투자를 유치했다고 생각하는 게 마음 편하다.

그다음은 '비자라운드'다. 맞다. 당신이 매일 사용하는 그 신용카드 'VISA'다. 창업을 하면 매달 들어가는 돈이 많아진다. 월세를 아낀다 하더라도 노트북과 여러 가지 개발에 필요한 장비, 소프트웨어, 교통비, 출장비, 식비 등 이래저래 들어가는 돈이 만만찮다. 이런 비용들은 모두 신용카드로 쓰고, 회사 은행잔고가 떨어지면 다른 신용카드로 돌려막는다. 에어비앤비의 창업자 브라이언과 조 역시 초창기에는 돈이 없어서 명함을 모아두는 커다란 폴더에 수십 장의 신용카드를 꽂아두고 더 이상 신용카드가 발급되지 않을 때까지 카드로 돌려막았다. 스타트업들이 쓰는 신용카드 금액으로만 따지면 아마 비자가 세상에서 가장 큰 벤처캐피털이지 않을까 싶다.

창업가의 돈은 한 푼도 쓰지 않은 스타트업에 아이디어 하나만 보고 거금을 투자해줄 천사 같은 벤처투자자는 존재하지 않는다.

어느 정도는 창업가의 돈과 시간, 노력이 들어가야 한다는 말이다. 핵심은 창업가가 감당할 수 있는 수준에서 F&F 펀드와 비자라운드의 자금을 써야 한다는 것이다. 그만큼 부담감도 커진다. 나의 실패가 가족, 친구들의 고통으로 이어지는 것을 원하는 창업가는 없을 것이다.

나도 처음 창업할 때는 전 직장에서 받은 퇴직금을 거의 다 창업자금으로 넣었다. (이렇게 하도록 허락해준 아내에게 무한히 감사한 마음이다.) 얼마 안 되는 창업자금이 다 떨어지기 전에 매출을 내든지, 투자를 유치하든지 둘 중 하나는 해야 했다. 매출도, 신용도 없는 회사에 은행이 대출을 해줄 리 없었다. 다행히 우리는 설립 자본금이 다 떨어지기 전에 게임 퍼블리싱 계약과 투자계약을 체결하면서 여유자금을 갖게 되었다.

내가 창업한 회사뿐 아니라, 대부분의 스타트업은 같은 운명이다. 초기 창업자들이 넣은 투자금이 다 떨어지기 전에 매출을 내고 손익분기점을 넘겨서 이익으로 살아가든지, 아니면 MVP로 시장의 검증을 받거나 회사의 미래가치를 인정받아 벤처캐피털이나 전략적 투자자로부터 투자를 받아야 생존할 수 있다.

성공하는 사업계획서

"자본은 널렸다. 희소한 것은 비전이다."
– 샘 월튼, 월마트 CEO
"Capital isn't scarce. Vision is."
– *Sam Walton, CEO of Wal-Mart*

성공하는 창업가들이 쓴 사업계획서는 무엇이 다를까? 성공하는 스타트업들의 사업계획서에는 몇 가지 공통점이 있다.

첫째, 간단하고 명확하다. 자신이 무엇을 해야 할지 모를 때 사업계획서가 길어진다. 스타트업이 풀어야 할 문제와 미션이 분명하면 단 몇 장의 사업계획서로도 충분하다. 그렇게 작성된 메시지는 간결하고 명확해서 누구나 이해할 수 있다. 드롭박스가 2007년에 와이콤비네이터에 제출한 초창기 사업계획서는 "드롭박스는 여러 컴퓨터의 파일을 동기화시켜준다"라고 시작되고, 다 해봐야 한두 페이지 정도로 짧다.

둘째, 시장자료가 아닌 창업가의 통찰력을 담고 있다. 이를테면 전자상거래 시장이 5년 후에는 50% 성장할 것이라는 연구보고서나 기사를 인용하지 않는다. 누구나 아는 사실이 아니라 자신의 경험과 깊은 연구를 바탕으로 자신만의 통찰이 담긴 시장분석을 해야 한다. 누구나 스마트폰에 기반한 음식배달과 정보제공 시장이 커질 것을 알았지만, 경험을 기반으로 진출한 이는 거의 없었다. 배달의민족 김봉진 창업가는 강남지역부터 음식점 정보를 모아 모바일 앱으로 제공했고, 길거리에서 전단지를 줍는 일도 주저하지 않았다. 치킨과 중국음식 배달에 성공한 배경에는 이렇게 골목길에서 얻은 지식과 지혜가 중요하게 작용했다.

셋째, 앞으로 하겠다는 것 말고 지금까지 한 일을 담아야 한다. 사업계획서에 아무리 거창한 계획을 써봐야 아무런 소용이 없다. 단 하나라도 실행하거나 실험해보고 결과를 얻어야 한다. 여성맞춤구두를 디자인하고 판매하는 스타트업 '트라이문'의 김사랑은 처음 아이디어를 내고 10명의 고객을 만나는 것부터 시작했다. 고객들을 일일이 찾아가서 자신의 제품과 비즈니스 모델을 실험해보고, 의견을 듣고, 관찰하고, 수정한 후에 그다음 100명의 고객을 찾아서 같은 과정을 반복했다. 그러면서 많은 것들을 배웠고, 지금은 처음의 사업계획서와는 많이 다른 비즈니스 모델을 만들게 되었다. 사업계획서에는 자신이 이미 어떤 실험을 했고, 어떤 결과를 얻었으며, 이를 토대로 앞으로 어떻게 하겠다는 이야기를 담아야 한다. 자신이 한 일은 없이 무작정 계획만 나열해놓은 사업계획서는 허풍일 뿐이다.

사업계획서를 쓰기 전에 먼저 그 아이디어를 작게나마 실행해보고 여러 가지 테스트를 해보며 검증하는 것은 필수다. 검증된 프로세스를 더 스케일러블하게 실행하려고 적는 것이 사업계획서다. 많은 사람들이 이런 프리-사업계획서 단계를 건너뛰고 무작정 머리에서 상상한 대로 사업계획서를 쓴다. 엑셀질만 열심히 해서. 이런 사업계획서는 상상속에서 쓴 소설에 불과하다. 투자자들은 이런 데 속지 않는다.

투자자를 위한 사업계획서, 나를 위한 사업계획서

"그것에 미치지 않았다면 창업하지 말라. 이미 출구전략을 생각하고 있다면 충분히 미치지 않은 것이다."
– 마크 큐반
"Don't start a company unless it's an obsession and something you love. If you have an exit strategy, it's not an obsession."
– Mark Cuban

많은 창업가들이 사업계획서를 투자자에게 보여줄 용도로만 쓴다. 사실 사업계획서의 본질은 그것이 아니다. 사업계획서는 경영진과 직원들이 우리 회사가 나아가야 할 방향을 정확히 이해하고, 같은 방향을 보고 전진하기 위해 만드는 것이다.

내가 운영하던 스타트업에서는 매 분기 전사 워크숍에서 다음 분기 사업계획서를 점검하고 수정했다. 우리가 세운 목표들이 여전히 유효한지, 우리가 어느 정도 와 있는지, 바뀐 시장환경에 따라 우리의 제품이나 일하는 방식에 변화가 필요한지 등을 검토하고 세밀하게 수정했다. 잘 정리된 사업계획서가 있는 분기에는 팀원들 간의 갈등도 덜했고 제품개발도 순조롭게 진행되었다. 하지만 뭔가 분명치 않거나 서로 다른 의견이 충돌하는 사업계획서가 나왔을 때는 한동안 여러 가지 문제와 갈등을 겪었다. 내가 CEO로서 하는 가장 중요한 일은 시장상황과 팀원들의 의견을 잘 모아 제대로 사업계획서에 담고 모두의 합의를 이끌어내는 것이었다. 한 분기에 딱 한 가지 목표(하나로 요약하기 어렵다면 최대 3가지 미만이어야 한다. 그 이상 넘어가면 팀원들이 기억하지 못했다)를 팀원들의 머릿속에 넣어두면 그 분기는 매우 순조로웠다.

페이스북은 2015년 한동안 '2G Tuesday'라는 사내 캠페인을 벌였다. 이는 인도처럼 모바일 인터넷 환경이 무척 느린 국가들에서도 페이스북이 원활하게 서비스될 수 있도록 개발하자는 내부 목표를 세우고 전 사원을 대상으로 실행하는 캠페인이었다. 화요일 하루 동안 사내 인터넷 속도를 일부러 2G 네트워크 수준으로 느리게 만들어, 인터넷이 느려지면 자신이 맡고 있는 영역에서 어떤 문제가 생기는지, 어떻게 하면 더 빠르게 만들지 고민하고 개발하도록 하려는 시도였다. 이처럼 회사의 목표가 한번 정해지면 사람들이 잘 기억하고 집중해서 일하도록 때로는 조금 색다른 행동을 하거나 팀빌딩을 하는 것도 큰 도움이 된다.

나는 아침에 출근하면 가장 먼저 하는 일이 사업계획서를 읽어 보는 것이었다. 어제 들은 시장정보가 사업계획서의 예측과 부합하는지, 우리 회사에 어떤 영향을 미칠지, 그렇다면 다음 분기(혹은 이듬해) 사업계획을 어떻게 수정해야 할지 고민했다. 중요한 사람이 회사를 그만두겠다고 했을 때, 그것이 우리 사업계획에 어떤 영향을 미치는지 분석하고 수정된 사업계획을 세워야 했다.

사업계획서는 CEO가 날마다 쓰는 일기와 같다. CEO는 날마다 사업계획서를 책상 위에 펼쳐놓고 우리 회사가 맞는 방향으로 가고 있는지 점검해야 한다. 사업계획서는 1년에 한 번 써놓고 벽에 걸어두는 그림이 아니다. 사업계획서는 매일 보면서 대화하고 수정해야 한다.

내 스타트업 알리기

"사람들은 내가 거창한 단어를 사용하는 걸 보고 비웃죠. 하지만 굉장한 아이디어가 있을 땐, 멋진 단어로 표현해야 하지 않을까요?"
–《빨강머리 앤》 중에서
"People laugh at me because I use big words. But if you have big ideas, you have to use big words to express them, haven't you?"
– Anne,《Anne of Green Gables》

본격적으로 투자유치 단계에 접어들면 수없이 많은 투자자들에게 자신의 사업을 설명해야 한다. 데모데이Demo Day같이 큰 규모의 무대에서 설명하기도 하고, 투자심사역과 파트너들이 앉아 있는 회의실에서 피칭하기도 하고, 또는 카페 같은 곳에서 투자심사역과 단둘이 앉아서 한 시간씩 열심히 설명하기도 한다.

투자자에게 하는 피칭은 마치 스피드 데이팅에서 상대방 이성에게 나를 소개하는 것과 유사하다. 창업가도 수십 명 혹은 100명에 가까운 투자자들에게 사업을 설명해야 하지만, 듣는 상대방(투자자)도 하루에 수십 명의 창업가들로부터 사업설명을 들어야 한다. 창업가는 같은 말을 반복하지만, 투자자들은 사진 앱부터 반도체 기술, 머신러닝, 게임, 심지어 어려운 헬스케어나 바이오 분야까지 넘나들며 하루 종일 새로운 설명을 듣고 이해해야 한다. 그렇기 때문에 첫 마디, 첫 문구, 1분 내에 투자자의 호기심을 끌지 못하면 관심을 얻기 어렵다.

미리 약속을 잡아둔 미팅이라면 그나마 쉬운 편이다. 사전에 그 투자자가 어떤 펀드를 운용하고 있는지, 과거에 어떤 스타트업에 투자했는지, 성공한 투자는 무엇인지 등을 조사해두면 훨씬 좋다. 나는 투자자를 만나러 가면서 미팅에서 첫 마디는 어떻게 시작할지, 그가 관심 있어 할 만한 것은 무엇인지, 그 사람의 고민은 무엇일지 곰곰이 생각한다.

상대방에 따라, 허용된 시간에 따라 다양한 버전의 피칭을 미리 연습해두어야 한다. 데모데이 같은 큰 행사에 가면 발표시간이 1분인 경우도 있고 5분, 10분인 경우도 있다. 좀 더 특별한 경우라면 더 긴 시간 동안 이야기하게 될 수도 있다. 어떤 경우에도 당황하지 않고 자신 있게 이야기할 수 있도록 준비해두어야 한다. 투자자에 따라 나의 사업분야에 충분한 사전지식이 있는 경우도 있고, 그렇지 않은 경우도 있다. 심지어 아주 기초적인 것부터 설명해야 할 때도 있다. 1994년 즈음 제프 베조스가 인터넷으로 책을 팔겠다고 아마존을 창업하고 투자자들을 만나러 다닐 때는 대부분 인터넷이 무엇인지부터 설명해야 했다.

데모데이나 스타트업 발표 심사에 가면 많은 스타트업들이 영상을 보여주려 한다. 하지만 청중이 많은 데모데이나 경쟁발표에서 비디오를 상영하는 것은 그리 좋은 방법이 아니다. 영상이 제대로 플레이되지 않거나 사운드가 안 나오거나 하는 기술적인 문제가 발생할 확률이 꽤 높기 때문이다. 효과적인 발표는 말과 그림으로도 충분하다. 나아가 영상을 화면에 띄우는 데 성공했다 하더라도, 청중의 시선을 창업가 자신에게서 영상이 나오는 화면으로 돌리는 것은 그리 현명하지 않다. 투자자들과 직접 얼굴을 보면서 이야기할 수 있는 자리인데, 왜 굳이 따로 볼 수 있는 영상을 틀면서 아까운 시간을 낭비하는가? 한 번은 창업가가 발표장에 나오더니 자신에게 주어진 시간 5분 중 3분을 영상을 보는 데 할애했다. 심사위원들은 더 이상 발표자에게 질문하지 않았고, 대화는 거기서 끊어졌다. 창업가 스스로 그 자리에 나온 투자자들과 대화할 기회를 날려버리는 순간이었다.

좋은 투자자를 알아보는 법

"기업가치를 논할 때 가장 중요한 점은 그것이 그다지 중요하지 않다는 것이다."
– 폴 그레이엄, 벤처투자자
"*The most important thing about valuation is that it's not that important.*"
– *Paul Graham*

벤처캐피털의 투자를 받는다는 것은 단지 회사 은행계좌에 거금이 들어오는 것 이상의 의미를 갖는다. 좋은 투자자는 우리 회사의 직원과도 같아서 사업개발, 영업, 인사조직 등 많은 영역에서 도움을 받을 수 있다. 투자자들이 가지고 있는 네트워크를 활용해 좋은 사업파트너나 고객을 만날 수도 있다.

그런 면에서 단지 좋은 조건에 돈을 많이 주는 투자자라고 해서 무조건 좋은 것만은 아니다. 오히려 우리 회사의 가치를 얼마나 알아주는지, 또 우리 회사를 성장시키기 위해 어떤 도움을 줄 수 있는지, 회사가 어려울 때는 어떤 태도로 도와줄 투자자인지 미리 잘 파악할 필요가 있다.

그래서 많은 창업가들이 내게 묻는다. "좋은 투자자인지 아닌지 어떻게 알아보나요?"

첫째, 투자자의 과거 투자경력을 알아본다. 투자회사의 전체 포트폴리오를 살펴보고 우리 회사에 어떻게 도움이 될지 생각해본다. 우리 회사의 투자심사를 담당하는 파트너의 투자 포트폴리오도 살펴본다. 그 사람이 내가 하고자 하는 사업분야에 어떤 지식이나 경험을 가지고 있는지, 내게 필요한 사업 파트너들과 네트워크가 있는지, 또는 내가 부족한 분야를 채워줄 만한 조언을 해줄 수 있는지 등을 생각해보면 된다.

어떤 창업가는 경쟁회사에 투자한 투자자를 꺼리는데, 나는 딱히 그렇게 생각하지 않는다. 우리 회사의 전략이나 중요한 정보를 경쟁회사에 흘릴까 걱정하는 것인데, 만약 그런 의심이 든다면 처음부터 그 투자자와 투자에 대한 이야기를 하면 안 된다. 앞서 말했듯이 투자계약은 결혼하는 것과 비슷하다. 배우자가 외도할지 모른다고 의심하면서 결혼하는 경우는 없지 않은가? 일단 신뢰할 수 있는 투자자와 이야기하는 것이 맞다. 투자자도 그렇게 쉽게 경쟁사의 정보를 여기저기 흘리고 다니지 않는다. 투자라는 직업 자체가 상당한 수준의 비밀유지를 요구한다. 입이 가벼운 투자자라면 처음부터 상대하지 말아야 한다.

둘째, 염두에 둔 벤처캐피털이나 투자파트너로부터 이미 투자받은 다른 창업가들에게 물어보기 바란다. 이미 알고 있는 지인이라면 가장 좋고, 그렇지 않다면 알 만한 지인을 통해 소개받아도 좋다. 그것도 힘들다면 솔직하게 투자자에게 다른 투자 포트폴리오 회사 대표의 연락처를 달라고 부탁하면 된다. 대부분의 투자자들은 선뜻 소개해준다.

투자자가 창업가와 이사회에 믿고 맡기는 편인지, 아니면 세세하게 간섭하는 편인지, 어떤 분야에 조언을 잘해주는지, 그 사람의 네트워크는 어떤지 등을 물어보면 된다. 특히 투자자와 스타트업 대표나 이사회 사이에 갈등이 있었던 상황에 대해 물어볼 필요가 있다. 서로 의견이 충돌할 때 어떻게 해결하는지, 회사가 어려울 때 등 돌리고 바로 투자회수부터 하려는 투자자인지, 아니면 할 수 있는 범위에서 최대한 도와주려고 하는 투자자인지 판단해야 한다. 투자자의 레퍼런스 체크를 미리 해두면 앞으로 회사 경영을 함께 하는 데 도움이 된다.

셋째, 우리 회사에 투자하려는 펀드의 성격을 알아야 한다. 벤처펀드(보통은 ○○투자조합이라는 이름으로 되어 있다)의 출자자가 누구인지 꼭 물어보라. 펀드의 출자자로는 국내외 대기업이 포함된 경우가 대부분이고 국민연금, 중소기업청 모태펀드, 산업은행과 같은 공공자금이 들어 있는 경우도 있다. 드물게는 개인이 출자자인 펀드도 있다. 어떤 경우가 됐든 투자펀드의 뒤에 있는 출자자가 LG인지 삼성인지, 네이버인지 텐센트인지, 개인이라면 어떤 사람이 있는지 미리 알아야 한다. 왜냐면 우리 회사의 주요 정보가 이들 출자자에게 들어갈 수도 있기 때문이다. 미리 비밀유지를 요청하지 않는 한, 투자자들은 보통 출자자에게 최근 투자내역과 투자 포트폴리오들의 사업현황을 같이 보고한다. 만약 내 회사의 기술이 삼성이나 LG에 흘러들어가는 것을 원치 않는다면 투자를 받지 않거나, 미리 비밀을 유지해줄 것을 요청해야 한다. (하지만 기밀유지가 보장되지는 않는다. 대기업들이 벤처펀드에 출자하는 주요 이유 중 하나는 스타트업들의 정보를 획득하는 것이기도 하다.)

또 펀드의 내용 중 체크해야 할 것은 만기일이다. 보통 벤처펀드는 7~10년 정도인데, 만약 펀드의 만기일이 3년밖에 남지 않았다면 투자받는 것을 다시 고려해야 한다. 왜냐면 투자파트너는 만기일이 되면 펀드를 해산하고 출자자들에게 돌려줘야 하기 때문이다.

우리 회사가 그때까지 엑시트하지 않는다면 회사의 지분이 벤처펀드가 아니라 세컨더리 펀드나 벤처투자회사의 본계정, 출자자 또는 제3의 사람에게 넘어갈 가능성이 있다. 투자받은 지 1~2년도 안 되었는데 회수를 독촉하거나 무리한 성장을 원하는 투자자와 상대하게 되면 무척 피곤해진다. 가급적 만기일이 충분히 남은 펀드에서 투자받아야 오랜 기간 동안 기회를 누릴 수 있다.

유니콘의 투자계약서

"계약의 허점을 찾아라. 허점이 보이지 않는다면 손해보는 것은 바로 자신이다."
– 마크 큐반, 연쇄창업가
"Always look for the fool in the deal. If you don't find one, it's you."
– Mark Cuban, Serial Entrepreneur

투자자와 어느 정도 투자 논의가 진행되면 텀시트termsheet라는 것을 준다. 텀시트에는 회사의 기업가치와 투자금액처럼 나중에 실제 작성할 투자계약서의 주요 항목들이 나와 있다. 또, 투자계약서를 체결하기까지 진행해야 할 기술, 회계, 법률 실사의 방법과 배타적 협상권 등 협상진행을 위한 조건들도 담겨 있다. 창업가는 이를 보고 지금까지 투자자와 이야기한 투자조건들이 제대로 포함되었는지 확인하면 된다.

인터넷을 찾아보면 텀시트에 대해 자세히 설명해주는 블로그나

사이트들이 많으니, 그것을 보고 공부하면 된다. 여기서는 내가 생각하는 중요한 몇 가지들에 대해서만 살펴보기로 하자.

투자전Pre-money / **투자후 기업가치**Post-money valuation

투자자 A가 창업가 X에게 "이번 Series A 라운드 밸류에이션valuation은 100억으로 하시고, 저희가 20억 투자를 하겠습니다"라고 말했다. 무슨 뜻일까?

창업가들은 높은 밸류에이션(기업가치)으로 투자받기를 원한다. 그동안 개발하고 영업해온 결과와 미래에 기대되는 영업가치를 높게 인정받고 싶은 것은 어찌 보면 당연하다. 또한 높은 기업가치를 인정받아야 창업가 자신들의 지분희석dilution이 덜하다. 그래서 창업가가 되물었다.

"프리머니 100억을 말씀하시는 거죠? 만약 당신이 20억을 투자한다면 당신네 회사의 지분율은 20/120이니까 약 16.7%가 되겠네요?"

투자자는 가급적 낮은 기업가치로 투자하고 싶어 한다. 만약 기업가치 100억일 때 투자한 회사가 몇 년 뒤 400억에 M&A된다면 자신의 투자금을 4배로 회수할 수 있다. 하지만 기업가치 200억으로 투자한다면 같은 M&A에서 2배 회수로 만족해야 한다. 이는 펀드의 수익률에 큰 영향을 미친다. 따라서 투자자는 대부분 포스트머니 밸류에이션으로 이야기한다. "아니요, 100억은 포스트머니 밸류에이션입니다. 우리가 20억 원 투자하니까 우리 지분은 20%가 되겠네요"라고 투자자 A가 말한다.

'프리머니 밸류에이션 + 투자유치금액 = 포스트머니 밸류에이션'으로 이해하면 쉽다.

포스트머니 밸류에이션으로 이야기할 때 좋은 점 하나는 중간에 추가투자자가 들어오거나 투자유치금액이 달라질 경우 계산하기 편하다는 것이다. 항상 분모는 포스트머니 밸류에이션으로 정해져 있으므로(위 경우 100억 원), 만약 추가로 투자자 B가 5억을 투자하겠다고 제안한다면, 이 경우 창업가는 이미 100억 원 포스트머니 밸류에이션에 동의했으므로 프리머니 밸류에이션을 80억 원에서 75억 원으로 낮추고, 투자자 A와 투자자 B로부터 총 25억 원을 투자받는 계약을 해야 한다. 투자 후 투자자 A의 지분율은 20%로 유지되고, 투자자 B는 5%가 된다. (만약 100억 원 프리머니 밸류에이션으로 이야기했다면 추가투자자 B가 5억 원을 투자할 경우 투자자 A의 지분율은 20/125이 되어 16%로 떨어지게 된다. 투자자들은 이런 상황을 싫어한다.)

배타적 협상권

투자자들은 대개 독점적으로 투자검토를 할 수 있는 권리를 텀시트에 넣고 싶어 한다. 쉽게 이야기하자면 자기하고만 투자협상을 하고, 다른 투자자에게는 이야기하지 말라는 조항이다. 창업가 입장에서는 몇 달 동안 한 투자자와만 협상해야 하는데, 아무래도 협상하다 깨지면 아까운 시간을 낭비한 셈이 된다. 또, 한 번 협상이 결렬되면 다른 투자자와 협상할 때 불리한 위치에 설 수밖에 없다. ("왜 지난 번 진행하던 투자협상이 깨졌죠?"라는 질문을 받는다고 생각해보라.)

투자자가 배타적 협상권을 요구한다면 반드시 기한과 해지조건을 명시해야 한다. 예를 들면, 2개월만 해당 투자자와 협상하며, 만약 기한 내에 투자계약서 서명(혹은 미리 지정한 마일스톤)을 달성하지 못하면 다른 투자자와도 협상할 수 있도록 배타적 협상권을 해지한다는 식이다. 기한 내라 하더라도 특정 조건(예를 들어 제품출시라든지 비밀유지협약 위반 등)이 되면 배타적 협상권이 해지되도록 해놓아야 다른 투자자와 협상할 수 있는 길이 열린다.

텀시트에 사인하고 나면 본격적인 투자계약 협상에 들어간다. 투자계약은 대부분 '신주인수계약'과 '주주간계약'이 한 세트로 이루어진다. (초기 기업의 경우에는 하나의 계약으로 하는 경우도 꽤 있다.) 신주인수계약에는 회사가 발행하고 투자자가 인수하는 주식의 종류와 가격, 배당과 의결권 등 주식의 권리를 명시한다. 주주간계약은 투자자와 주요주주 간에 지켜야 할 우선매수권Right of first refusal, 공동매도권Tag-along, 우선매도권, 잔여재산분배청구권Liquidation preference, 경영상 동의권과 협의권, 정보요청권, 이사선임권 등에 대한 내용이 담겨 있다.

희석방지 조항Anti-dilution provisions

투자자는 지분율에 민감하다. 작은 스타트업일 때는 지분율 1%가 그리 크게 느껴지지 않을지 모르지만, 스타트업이 큰 유니콘이 되어 수십 조의 가치로 상장한다고 하면 1%는 큰 차이다. (최근 상장한 스냅챗은 거의 30조 원의 기업가치를 평가받았다. 1%는 3000억 원이다.)

투자자 A가 포스트머니 밸류에이션 100억 원으로 스타트업 M에 20억 원을 투자하면 투자자 A의 지분율은 20%가 된다. 현실에서는 조금 더 복잡해지는데, 스타트업 M이 미래에 발행할 스톡옵션을 전체 주식 중 10% 정도로 계획하고 실제로 발행한다면 전체 주식 수가 늘어나게 되므로 투자자 A의 지분율은 더 줄어든다.

(이를 '희석된다diluted'고 한다.) 또 여기에 스타트업이 새로운 투자를 받거나 전환사채를 발행한다면 나중에 보통주로 전환되는 주식이 생기게 되므로, 이 경우 늘어난 주식 수 때문에 투자자 A의 지분율은 더 희석된다.

따라서 이런 모든 가능성을 염두에 두고 투자자는 자신의 주식이 희석될 가능성에 대해 투자계약서에 자세히 쓰고 제한한다. 이처럼 발행되었거나 발행계획이 있는 스톡옵션과 전환사채 등 추가로 주식 수를 변동시킬 가능성이 있는 것들을 모두 포함한 지분증권표를 '완전희석기준 지분증권표Fully diluted captable'라 한다.

경영상 동의권

투자계약서에는 '경영상 동의권'과 '경영상 협의권'이라는 조항이 있다. 예를 들면 이런 조항들이다.

- 연간 사업계획 및 예산의 수립 및 변경
- 청산, 합병, 분할, 영업의 전부 또는 중요한 사업 일부의 양수도, 분할합병, 대상회사 발행주식의 포괄적 교환 및 이전
- 정관 또는 이사회 규정의 변경
- 투자자의 지분율이 변경되는 주식 또는 전환사채, 신주인수권부사채 등 회사가 발행하는 주식을 취득할 권리가 포함된

일체의 증권 또는 증서의 발행, 주식매수선택권의 부여 및 자기주식의 취득

- 이사회 정원의 변경
- 현금배당 또는 현물, 주식배당의 선언 및 지급
- 1억 원을 초과하는 자산의 취득, 처분 및 담보제공, 이전, 임대차를 포함한 기타 처분행위
- 1억 원을 초과하는 투자, 자본적 지출
- 자금차입, 보증, 담보제공, 자금의 대여
- 특수관계인과의 거래
- 상법상 주주총회에 상정할 안건의 결정

보통 투자협상을 할 때는 기업가치와 투자금액에 대한 협상보다 이런 디테일한 조항에서 시간을 끄는 경우가 많다. 경영상 동의권을 잘 모르는 창업가는 투자자가 내민 경영상 동의권과 협의권을 무심히 보고 넘어가기도 하는데, 사실 이 부분이 가장 협의할 여지가 많고, 창업가에게 유리하게 작용할 조항도 많다. 동의권과 협의권에 들어가는 조항이 적으면 적을수록 좋고, 그렇지 않다면 동의권에 있는 조항들을 협의권으로 옮기는 것이 좋다. 이사의 수, 주주총회 안건의 상정, 주요채무, 주요자산의 매각 등 많은 조항들

을 동의권에서 협의권으로 옮기면 창업가나 경영진이 독자적으로 의사결정을 할 수 있는 범위가 좀 더 넓어진다. (투자자와 이사회를 무시하고 독단적으로 경영하라는 말은 아니다. 언제나 이사회에서 부여받은 범위 안에서 대표이사와 이사의 권한을 행사해야 한다. 그렇지 않으면 배임으로 고발당하게 될 것이다.)

투자계약서는 어렵다. 처음 창업하는 창업가라면 아마 텀시트니, 전환상환우선주 투자계약서니 하는 문서들을 처음 볼 것이다. 투자자는 일주일에도 여러 번 이런 텀시트와 각종 계약서를 검토하며 일하기에 무척 익숙하지만(마치 개발자가 파이썬Python으로 작성된 화면을 매일 보고 있는 것과 같다), 창업가에게는 생소하기 마련이다. 너무 두려워하지 말고 잘 아는 변호사의 도움을 받도록 하자.

크라우드펀딩Crowdfunding

"항상 어딘가에서 누군가는 당신의 제품보다 훨씬 우수한 물건을 만들고 있다."
– 조지 도리엇, 현대 벤처캐피털의 창시자
"Someone, somewhere, is making a product that will make your product obsolete."
– George Doriot

보통 투자유치를 할 때는 회사의 성장단계에 따라 자신과 가족, 친구들로부터 조달하기도 하고, 조금 성장하면 벤처캐피털의 투자를 받는다. 이 외에도 은행에서 대출을 받거나, 공개시장에 상장하면서 기관과 개인들에게 유상증자 등으로 조달하는 것이 일반적이다. (증권거래소와 같은 공개시장에 상장한 회사는 유상증자 외에도 전환사채, 워런티, 채권발행 등 여러 방법으로 투자유치를 할 수 있다.)

요즘은 크라우드펀딩을 이용하여 꽤 효과적으로 자금을 모으는 사례가 많아졌다. 크라우드펀딩을 하면 사전에 미리 고객이 확보되기 때문에 생산과 재고 부담을 획기적으로 줄일 수 있고, 출시 전에 미리 마케팅을 할 수 있으므로 지속적인 판매에도 큰 도움이 된다. 특성상 하드웨어를 만드는 스타트업에 유용한데, 거액의 회사 주식을 발행하여 생산자금을 투자유치한 후 생산하고 판매하는 과거의 방식에서 벗어나 좀 더 안정적으로 생산자금을 마련할 수 있다. 킥스타터나 인디고고와 같은 글로벌 크라우드펀딩 사이트를 이용하면 최소한의 자금으로 컨셉이나 프로토타입을 만들어 단기간에 자금을 모을 수 있다. 한국에서는 손목밴드로 전화음성 통화가 가능한 시그널SGNL이라는 혁신적인 제품이 킥스타터를 통해 15억 원 넘게 모금하는 데 성공한 사례가 있다.

반드시 하드웨어 제품만 크라우드펀딩을 하는 것은 아니다. 공연과 영화, 서비스 등 다양한 분야에도 크라우드펀딩이 도입되고 있다. 특정 아티스트의 공연을 보고 싶어 하는 세계 각 도시의 팬들로부터 먼저 지지를 받은 후에 해당 도시에 가서 공연하는 '마이뮤직테이스트MyMusicTaste'도 훌륭한 크라우드펀딩이라 볼 수 있다. 아티스트는 흥행에 실패하는 공연을 하지 않아서 이익이고, 팬들은 좋아하는 아티스트의 공연을 자기가 사는 도시로 초대할 수 있어서 좋다.

정부지원금

"모험은 저 바깥에 있어!"
– 영화 〈업〉 중에서
"Adventure is out there!"
– from the movie 〈UP〉

받지 마라.

많은 창업가들이 쉽게 올리는 매출의 유혹을 뿌리치지 못한다. 국가에서 주는 돈에는 꼬리표가 따라다닌다. 국민의 세금으로 쓰는 돈이기에 높은 책임과 공정성, 투명성을 요구한다. 그만큼 나의 시간과 에너지가 소모된다. 그런데도 많은 창업가들이 회사가 추구하는 본질과 거리가 먼 국책과제를 맡는다거나, 쉬운 매출이나 지원금을 받기 위해 정부지원사업에 지원하느라 자신과 회사의 자원을 낭비한다. 가슴에 다시 물어보자. '과연 그것이 내가 창업할 때 꿈꿨던 그것인가?' 만약 조금이라도 의심이 든다면 당장 거절해야 한다. 거절에는 많은 용기가 필요하다.

시간은 가장 강력한 무기

"언젠가 찾아올 운을 기다릴 수 있는 흔들리지 않는 신념이 있어야 한다."
– 노정석, 연쇄창업가

투자유치를 진행할 때 창업가가 가장 고민하는 것은 기업가치를 얼마로 평가받을 것인가와 얼마를 투자받을 것인가다. 둘 다 결국 지분율로 표현되는데(투자금액을 기업가치로 나누면 지분율이므로), 협상과정 중에 기업가치와 투자유치금액을 조정하면서 합의를 이끌어내게 된다.

많은 창업가들이 자신의 지분율을 최대한 방어하기 위해, 또 자신들이 만든 제품과 기술에 대해 더 높이 평가받고 싶어서 높은 기업가치를 고집한다. 하지만 현실에서는 기대만큼의 기업가치를 인정받기가 쉽지 않다.

나는 창업가가 협상할 수 있는 카드는 기업가치나 투자금액이 아니라 오히려 협상기간이라고 생각한다. 대부분의 경우는 투자자가 협상기간의 주도권을 쥔다. 투자자는 당장 급할 것이 없으므로 얼마든지 기다릴 수 있다. 또 오래 기다릴수록 창업가는 돈이 떨어져가니 투자자가 협상에 유리하다고 생각할 수 있다.

창업가를 향한 이 칼끝을 거꾸로 돌릴 수 있는 방법은 창업가가 협상기간을 정하는 것이다. 미리 '5월말까지 투자계약서에 사인하지 않으면 협상을 종료한다'는 식으로 투자자와 기한을 못 박아두는 것이다. 특히 벤처캐피털이 소유한 펀드의 만료시기나 최근 투자실적이 저조하다는 등의 약점을 파악해두면 이런 전략은 더욱 유효하다. 곧 투자기간의 만기가 돌아오거나 투자를 많이 하지 못한 펀드는 투자자에게 더 빨리 투자해야 한다는 일종의 동기로 작용하기 때문이다. 무작정 협상을 이어가기보다는 이렇게 협상기간을 정해두고, 끝나면 다른 투자자와 협상하는 편이 낫다.

6장.

거꾸로 하는 스타트업 실무

차고와 오피스텔

"큰 일도 작은 것에서 시작하니까요."
– 영화 〈아라비아의 로렌스〉 중에서
"*Big things have small beginnings, sir.*"
– *From the movie 〈Lawrence of Arabia〉*

HP, 애플, 아마존, 구글 모두 차고에서 시작했다. 미국의 주택에는 보통 차 두 대 정도 들어가는 차고가 있고, 거기에 잔디깎기, 운동도구, 수리공구 등 잡다한 물건들을 보관한다. 갓 창업한 창업가들은 자기 집 차고에 테이블을 놓아 업무공간으로 쓰거나 저렴한 다른 집 차고를 임대해 사업을 시작하기도 한다. 제프 베조스는 시애틀 벨뷰에 있는 자기 집 창고에서 시작했다. 구글은 초창기에 멘로파크에 있는 수전 워즈치키Susan Wozcicki의 차고를 빌려서 일했다. 세르게이의 지인이었던 수전은 당시 주택대출을 갚느라 차고를 빌려주었는데, 지금은 구글에 합류해 유튜브의 CEO로 일하고 있다. (구글의 주식으로 번 돈은 주택대출을 갚고도 충분히 남았을 것이다.)

하지만 한국의 집에는 차고가 없다. 복잡한 도심에서 차고 딸린 집을 얻기란 쉽지 않다. (어느 날 갑자기 마음 좋은 부잣집 주인이 자기 집 차고에서 창업하라고 제안해올지도 모르겠지만, 우리나라 상법상 차고지를 사무실로 등록할 수 있는지 모르겠다.) 대신 우리나라 창업가들은 학교 연구실과 오피스텔에서 많이 창업했다.

1990년대 중반 카이스트 전산학과의 연구실 구석에 놓인 책상과 컴퓨터는 네오위즈가 시작된 곳이다. 창업가들은 기숙사와 연구실을 오가며 우리나라 인터넷의 대중화를 이끌어낸 '원클릭' 서비스를 탄생시켰다.

역삼동 성지하이츠II 2009호는 김정주가 넥슨을 창업한 오피스텔이다. 김정주와 송재경은 이곳 오피스텔에서 컴퓨터 몇 대와 허름한 책상, 2층 침대를 갖다놓고 게임 '바람의 나라'를 개발했다.[30] 이곳뿐 아니라 강남 테헤란로 양 옆으로 즐비한 오피스텔에는 수백 개의 스타트업들이 회계사 사무실, 변호사 사무실, 광고회사, 디자인회사, 부동산 사무실 등 온갖 종류의 비즈니스들과 함께 바쁘게 움직이고 있다.

오피스텔은 상대적으로 저렴하고 어떤 곳은 숙식까지 해결할 수 있기 때문에 친구들끼리 창업하는 경우는 거기서 먹고 자면서 24시간 개발에 몰두하기도 한다. 2012년 모바일게임 애니팡으로 엄청난 성공을 거둔 선데이토즈는 원래 창업가 3명이 매주 일요일 강남역 토즈에 모여서 일하다가 만든 회사다. 그들은 각자 직장을 다니면서 주말에는 토즈에서 창업을 준비했다. 그러다 창업하고 사람들이 모이자 분당의 한 오피스텔로 옮겨서 일했다. 직원들이 늘어나서 오피스텔이 비좁아지자 바로 앞의 오피스텔을 하나 더 빌려서 문을 열어둔 채 맨발로 왔다 갔다 하면서 일했다.

오피스텔은 매우 한국적이다. 좁은 공간에 모여 살고, 주변에는 편의점이나 전철역이 있어서 사람들을 관찰하기 좋다. 사무실인 듯 주거공간인 듯 알게 모르게 편리함과 불편함이 공존하는 곳이다.

최근에는 코워킹스페이스도 인기다. 서울 강남 삼성역 가까이 있는 구글캠퍼스서울 카페는 창업가들이 즐겨 일하는 장소다. 아침부터 밤까지 3~4명 정도 되는 팀들이 와서 하루 종일 랩톱을 펴놓고 코딩을 하거나, 사업파트너를 만나 이야기를 나눈다. 구글캠퍼스서울뿐 아니라 서울에는 디캠프, 마루180, 헤이그라운드와 같은 훌륭한 창업가들의 공간이 많다. 네이버, 롯데, 현대카드처럼 대기업에서 만든 코워킹스페이스나 액셀러레이터들도 있고, 위워크WeWork, 패스트파이브처럼 유료로 사용하는 코워킹스페이스도 있다. (유료이긴 하지만, 자체 사무실을 내는 것보다는 저렴하다.) 이들의 시설은 정말 훌륭하다. 맛난 커피가 있는 카페는 물론이고 회의실, 클래스룸 등 초기 스타트업들이 일할 때 필요한 시설들을 대부분 갖춰놓아 편리하게 이용할 수 있다.

창업을 어디서 해야 성공한다는 공식은 없다. 차고, 연구실, 오피스텔, 코워킹스페이스 등 필요와 형편에 맞게 시작하면 된다.

상호배타적

"문제를 만들 때와 같은 사고방식으로는 그 문제를 해결할 수 없다."
– 알버트 아인슈타인
"We cannot solve our problems with the same thinking we used to create them."
– Albert Einstein

"투자자 A와 투자자 B랑 동시에 투자유치에 대해 이야기하고 있어요. 둘 중 누구에게서 투자를 받아야 할까요?"

친한 스타트업 창업가가 내게 물었다.

"왜 둘 중 한 군데에서만 받아야 해요? 둘 다 받으면 안 되나요?" 라고 묻자, 창업가는 왜 한 군데서만 받아야 하는지 설명하려다, 곧 자신의 생각이 틀렸다는 걸 깨달았다. "둘 다 받아도 될 것 같은데요? 한번 투자자들에게 물어볼 필요는 있겠네요."

이 스타트업은 한 달 뒤에 A 투자자, B 투자자뿐 아니라, 내가 소개한 세 번째 투자자까지 포함해 세 곳의 벤처캐피털로부터 성공적으로 투자를 유치했다.

대부분의 경우, 선택지는 상호배타적이지 않다. 둘 다 하거나, 둘 다 하지 않는 것이 답인 경우도 생각보다 흔하다.

피보나치 수열

"머피의 법칙은 안 좋은 일이 생길 거라는 뜻이 아냐. 언젠가 일어날 일은 반드시 일어난다는 뜻이지."
– 쿠퍼, 영화 〈인터스텔라〉 중에서
"Murphy's Law doesn't mean that something bad will happen. It means that whatever can happen, will happen."
– Cooper, from the movie 〈Interstellar〉

피보나치 수열이란 12세기 이탈리아 피사의 유명한 수학자 피보나치[31]가 정리한 정수의 나열이다. 피보나치 수열은 이렇게 시작한다.

1,1,2,3,5,8,13,21,34,55,89,144…

공식으로는 이렇게 나타낼 수 있다.

$F(n+2)=F(n+1)+F(n)$ (단, $F(0)=1$, $F(1)=1$, $n \geqq 0$인 정수)

대부분의 사람들에게는 중학교 이후[32] 저런 의미 없어 보이는 숫자들의 나열은 이미 머릿속에서 지워진 지 오래일 테지만, 피보나치 수열은 생각보다 우리 생활에 매우 가까이 있다. 피보나치 수열은 조개껍데기나 꽃잎, 솔방울 모양처럼 자연에서도 찾아볼 수 있는 규칙이다. 지난 몇 백 년 동안 수학자들은 피보나치 수열을 이용해 소수를 찾기도 하고, 암호를 만드는 데에도 썼다. 복잡한 경제현상을 설명하는 데에도 쓰이고, 현대의 컴퓨터공학을 이룩하는 데에도 큰 공헌을 했다. 피보나치 수열과 소수, 암호화 및 해독기술 등은 현대의 해커들과 군대에 매우 중요한 기술이기도 하다. (휴대폰으로 통신하는 데에도 이런 암호화가 쓰인다.) 미술과 음악 등 예술에서도 피보나치 수열을 쉽게 찾아볼 수 있다. 또 황금비율과 가장 가까운 수가 바로 피보나치 수열이다. 바로 인접한 수끼리 나누어보면,

3/2 = 1.5

5/3 = 1.66666…

8/5= 1.6

13/8 = 1.625

21/13= 1.615…

곧 황금비율인 1.618…과 무한정 가까워짐을 알 수 있다.

어느 날 우리가 만든 게임을 분석하던 중, 고객들이 몇 번이나 게임아이템을 구매하는지 궁금해졌다. 그래서 데이터분석 엔지니

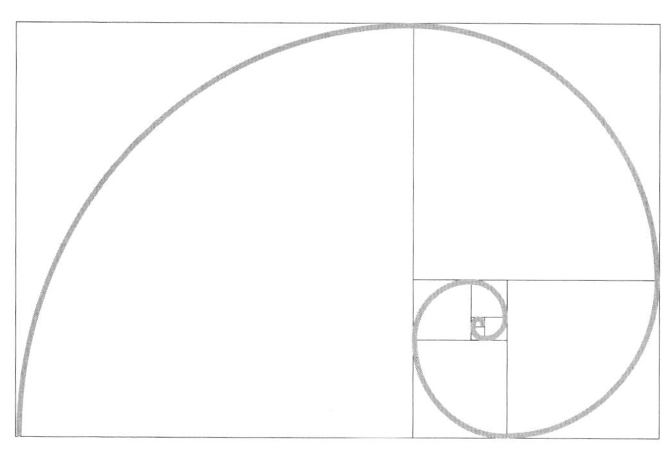

자연에서 찾을 수 있는 피보나치 수열의 예

어와 함께 데이터베이스에서 게임 출시 이후 고객들이 구매한 횟수를 질의했더니, 한 번도 구매한 적이 없는 고객부터 출시 이후 1년 동안 3000번 넘게 구매한 고객까지 다양하게 나왔다. 구매 횟수가 3000번이라니! 우리는 데이터가 잘못된 것 아닌가 싶어 눈을 의심하면서 다시 살펴봤지만, 숫자에는 변함이 없었다. 1년 동안 3000번을 구매하려면 하루에 8번 이상 매일 구매해야 한다. 이런 고객이 있다는 것이 놀랍지 않은가.

우리는 무료로 게임을 즐기되, 게임이 어려워지면 아이템을 구매할 수 있는 부분유료화 모델을 적용해 돈을 벌고 있었다. 부분유료화를 적용한 대부분의 게임은 무료로 즐기는 고객이 절대다수를 차지한다. 대략 1%에서 10% 미만의 고객들만 아이템을 구매하는 유료고객이고, 게임회사는 이들로부터 매출을 올린다. 따라서 돈을 많이 벌기 위해서는 유료고객의 수를 늘리거나, 기존의 유료고객들이 더 많이 구매하도록 유도해야 한다.

우리는 각 구매횟수별로 고객수를 나열한 표를 얻었다. 구매횟수 0번부터 3000번까지 나열해봐야 그리 일정한 패턴은 보이지 않았다. 보통의 직원이라면 이쯤에서 보고서를 쓰기 위해 간단히 구매 0~99회, 100~199회, 200~299회처럼 각 구간을 100씩 잡아서 오른쪽과 같은 도표를 그릴 것이다.

구매횟수	고객수
0~99 회	***
100~199 회	******************************
200~299 회	*********************************
300~399회	****************
400~499회	*************************
500~599회	********************
…	

구매횟수 구간별 고객수

하지만 이렇게 구간을 나누니 특정한 패턴이 보이지 않았다. 우리는 구매횟수 구간을 피보나치 수열로 수정해보았다. 조금만 논리적으로 생각해보면 피보나치 수열이 합리적이라는 것을 알 수 있다. 우리는 이미 구매횟수가 0인 고객들('무과금고객'이라 부른다)이 대부분을 차지한다는 것을 알고 있었고, 첫 번째 구매활동 (구매횟수가 1인 경우)이 우리가 사업하는 데 매우 중요하다는 것을 인식하고 있었다. 처음 구매활동을 한 고객을 '구매전환고객'이라 부르는데, 구매전환율이 높아야 회사의 매출이 많아진다.

우리가 궁금했던 것은 첫 번째 구매활동과 두 번째 구매활동이 그 이후 반복적인 재구매활동으로 이어질까 하는 것이었다. 구매횟수 구간을 피보나치 수열로 바꾸는 것은 코드 몇 줄만 고치면 되는 아주 쉬운 일이었다. 결과가 화면으로 나오는 순간 우리는 눈을 믿을 수가 없었다.

구매횟수	고객수
3회	**
4~5회	***
6~8회	*****
9~13회	*********
14~21회	******************
22~34회	**********************
35~55회	*****************
56~89회	************
90~144회	********
145~233회	*****

3회 이상 구매고객 구간에서는 꼬리가 긴 로그정규분포곡선을 따르고 있다

우리 게임을 열심히 하는 고객들은 자신도 모르는 사이에 멋진 로그정규분포곡선을 따르는 구매패턴을 보이고 있었다.

우리는 회사 생활에서 피보나치 수열을 단순히 재미삼아서도 많이 썼다. 간식 내기 사다리를 탈 때 정하는 벌금(간식값)도 피

보나치 수열대로 적었다. 0원, 1000원, 2000원, 3000원, 5000원, 8000원, 1만 3000원, 2만 1000원…처럼 꽤 센 벌금을 정해서, 걸리는 사람의 지갑을 탈탈 털어버리는 수준으로 벌금을 매겼다. (하지만 다행히 우리가 이런 짓을 할 때는 전체 직원수가 10명 정도뿐이었으므로, 벌금이 10만 원을 넘어가는 일은 없었다.)

업무나 일상생활에서 피보나치 수열을 적용할 곳을 열심히 관찰해보라. 의외로 꽤 괜찮은 결과를 얻을 수 있다.

후입선출(LIFO Last-In, First-Out)

"퀄리티란 사람들이 그 물건의 가격을 잊은 지 한참 지나서 기억되는 것이다."
– 구찌 가문
"*Quality is remembered long after the price is forgotten.*"
– *Gucci family*

"신선한 재료가 제 성공의 비결이에요."

잘되는 식당 주인에게 비결을 물어보면 흔히 이렇게 대답한다. 무척 당연한 원칙이지만, 실제로는 식당들의 90%가 이런 간단한 원칙을 지키지 않는다. 90%의 식당 오너들은 어제 들어온 식재료가 썩어서 버려질까 봐 시들어버린 채소를 먼저 넣고 음식을 낸다. 당연히 음식은 맛이 없고 손님들은 이 식당을 다시 찾지 않는다. 식당 주인은 줄어드는 손님을 걱정하며 마케팅이 문제인가 의심하지만, 정작 문제는 냉장고에서 썩어가는 식재료다.

성공하는 식당에서는 오늘 아침 들어온 신선한 채소를 먼저 쓴다. 신선한 재료로 만든 음식은 맛있기 마련이고 자연스럽게 손님들 사이에 입소문이 돈다. 더 많은 손님이 오고, 그날 들어온 식재료는 창고로 갈 일이 없다. 이 식당의 펜트리에는 항상 신선한 식재료가 가득하다.

동대문에 가보면 수천 개의 옷가게가 늘어서 있다. 어떤 매장은 갓 들어온 최신 트렌드의 옷들을 소개하며 트렌드세터들의 눈길을 끈다. 시즌이 끝난 옷은 모두 치워버리고 매장에는 늘 최신 패션만 진열해둔다. 이 가게에는 패션 셀러브리티들이 자주 오고, 늘 손님들로 붐빈다. 바로 옆의 다른 가게는 이월상품이 팔리지 않는 것을 아까워하며 '70% 세일' 태그를 붙이기 바쁘다. 이 정도면 마진이 거의 남지 않기에 겨우 팔린다 해도 가게 월세 내기도 빠듯하다. 패션에 민감한 사람들은 70% 할인된 상품이라도 지갑 열기를 주저한다.

스타트업도 마찬가지다. 고객에게 항상 최고의 경험과 최상의 제품과 서비스를 제공해야 한다. 거꾸로 하면 어느 순간 상해버린 식재료를 쓰는 식당이나 이월상품만 파는 옷가게 처지가 된다.

설문조사

"숟가락을 휘려고 하지 마. 그건 불가능하니까. 대신 진실을 이해하도록 노력해."
– 영화 〈매트릭스〉 중에서
"*Do not try and bend the spoon. That's impossible. Instead... only try to realize the truth.*"
– 〈*Matrix*〉

나는 설문조사를 그리 신뢰하지 않는다. 대부분의 설문조사는 편향된 데이터를 보여줄 뿐이다. 편향된 데이터는 잘못된 의사결정으로 이어진다.

오른쪽 그림은 인기 있는 앱의 앱스토어 별점 그래프다. 최고점인 별 5개를 준 사람과 최저점인 별 1개를 준 사람이 가장 많다. 이것만 보면 이 앱을 사용하는 유저들은 크게 두 부류로 나뉜다. 아주 만족하는 그룹과 아주 싫어하는 그룹. 제품기획자는 이 두 그룹의 피드백을 토대로 다음 버전을 개발한다.

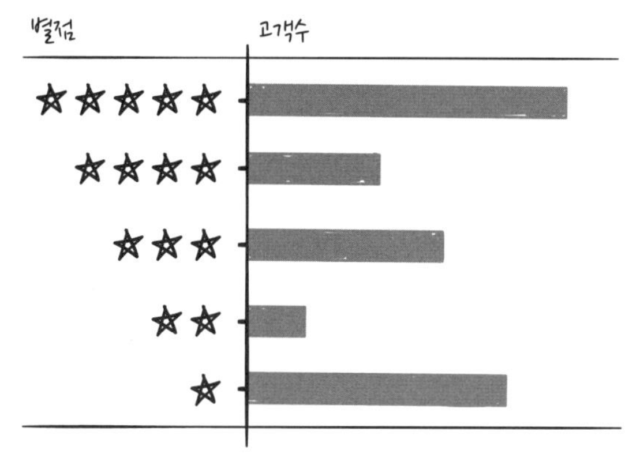

앱스토어에 있는 어느 앱의 사용자 별점분포

하지만 현실은 그렇지 않다. 현실에서는 별 3개 정도를 주는 유저들이 가장 많다. 아마 현실세계에서 이 앱을 사용하는 모든 유저들에게 별점을 물어본다면 다음 페이지의 정규분포곡선을 그릴 것이다.

이렇게 된 이유는 보통의 사람들은 말이 없기 때문이다. (별점 주는 데 관심이 없다.) 이 앱을 정말 사랑하거나 아니면 분노가 치민 유저들만이 별점 주는 데 관심이 있다.

만약 별점 그래프를 보고 별점 5개나 1개를 준 유저만 고려해서 제품을 기획한다면, 실제 이 앱을 사용하는 대다수의 유저들(별점 2~4개를 주었을 유저들)을 놓치게 된다. 피드백을 주지 않는 대다수

응답하지 않은 모든 유저들을 포함해서 추정해본 별점 그래프

의 중간 유저들을 고려하지 않으면 금방 유저 이탈이 일어나는 것을 보게 될 것이다. 제품기획자는 유저들의 피드백을 충분히 반영해서 앱을 만들었는데 왜 유저 이탈은 점점 더 심해지는지 의아하게 생각한다.

그래서 설문조사가 아니라 데이터를 바탕으로 한 사용자들의 행동패턴을 연구해야 한다.

사용자들의 행동패턴 데이터분석

A/B 테스트는 두 가지 다른 모양이나 기능을 다수의 사람들에게 테스트해서 더 좋은 결과를 얻어내는 기법이다. 예를 들면 앱 아이콘을 결정할 때 검은색 아이콘과 흰색 아이콘 두 가지를 준비해서 중복되지 않는 다수의 사용자에게 보여주고

어느 그룹이 더 많이 앱을 다운로드 받는지 혹은 구매를 더 많이 하는지 등의 결과를 볼 수 있다. 이는 앱 아이콘뿐 아니라 꽤 다양한 범위에 쓰이는데, 버튼의 위치나 상품을 소개하는 문구, 쇼핑몰의 상품사진, 결제방법 등을 다르게 테스트해보고 조금 더 나은 결과를 보여주는 안으로 채택한다. 스타트업은 끊임없이 A/B 테스트를 해야 하는데, 이를 통해 어제보다 1%만 성장해도 1년 후면 3800% 성장한 모습을 보게 될 것이기 때문이다.

퍼널 분석(funnel analysis, 깔때기 분석)은 제품이나 서비스를 이용하는 과정에서 첫 이용부터 충성고객으로 전환되는 비율을 자세히 살펴보는 분석기법이다. 가령 쇼핑몰을 하는 스타트업이라고 한다면 처음 웹페이지 방문, 회원가입, 로그인, 상품구경, 좋아요 누르기, 장바구니에 담기, 결제, 배송, 후기 남기기, 재구매까지 이어지는 각 단계마다 사용자들이 얼마나 이탈하지 않고 지속하는지를 보는 것이다. 장바구니 담기까지 성공했는데 결제단계로 넘어가는 유저의 비율이 10%라면, 상품을 장바구니에 담은 10명 중 실제로 결제에 성공한 사람이 1명뿐이라는 뜻이므로 심각한 문제가 있음을 알 수 있다. 각 단계별로 10%씩만 이탈고객을 줄여도 7단계 후에는 2배의 차이가 난다. (로그인에서 결제까지 7단계라 가정한다면 각 단계별로 10%만 개선하면 매출이 2배가 된다는 이야기다.) 주의할 점은, 이런 퍼널의 단계는 딱 한 가지만이 아니라는 것이다. 서비스에 따라 여러 가지 퍼널을 모델로 만들어두고 다양한 가설을 실험해야 한다.

잔존율 분석retention analysis은 얼마나 자주 혹은 오래 우리 제품이나 서비스를 이용하는지 보는 분석기법이다. 예를 들어 햄버거 가게 주인이라면, 전체 고객 중 지난 달에 왔는데 이번 달에 다시 와서 버거를 사 먹는 고객들의 비율에 관심이 있을지 모른다. 이는 단골고객, 혹은 충성고객의 수와 직접 관련되는 정보다. 한 달에 몇 번을 이용하는지, 한 달에 몇 번 이용하면 다음 달에 다시 방문할 확률이 몇 퍼센트가 되는지 등을 계산해볼 수 있다. 이는 충성고객 확보와 LTVLife Time Value를 예측하는 데 매우 도움이 된다.

중요한 결정은 수요일에

"내 두뇌는 가만히 있는 걸 좋아하지 않아. 문제를 갖다줘! 일을 달라고!"
– 셜록 홈즈
"My Mind rebels at stagnation. Give me work, give problems."
– Sherlock Holmes

2011년, 게임을 출시하고 몇 달 지나지 않은 어느 금요일 오후, 우리 팀은 중요한 업데이트를 하고 오랜만에 전사 워크숍을 떠났다. 강원도 어딘가에서 맛난 저녁을 먹고 즐겁게 술 한 잔 하고 있을 무렵, 개발팀 누군가가 갑자기 잔뜩 상기된 표정으로 떨면서 말했다. "저… 게임서버가 다운되었는데요…."

순간 그 자리에 있던 모두가 술잔을 내려놓았고 잠시 정적이 흘렀다. 5분도 안 되는 시간 동안 현황파악과 대응책에 대해 잠시 토의하다가 결국 팀 전원 사무실 복귀를 결정하고 모두 차를 타고 사무실로 돌아왔다. 다행히 몇 시간 만에 서버를 복구하고 재가동했지만, 이 일 이후로 업데이트는 무조건 주중에 하는 것으로 정책을 바꿨다.

이 결정은 생각보다 매우 효과가 좋았는데, 우선 팀원들이 주말을 마음 편히 보낼 수 있게 되었고, 일정에 밀려서 무리하게 금요일에 서두르지 않아도 되었다.

월요일도 중요한 결정을 하기에는 좋지 않다. 지난 주말까지 한 일에 대해 정보가 충분히 업데이트되지 않을 수 있기 때문이다. 최소한 현재 상황이 어떤지 살펴보고 최종점검하고 일할 시간이 필요하다. 월요일에 중요한 일을 해야 한다면 그것은 누군가 일요일에 일해야 한다는 뜻이다. 월요일은 최대한 현황을 파악하고 그 주에 완료할 일의 우선순위를 정하는 데 집중하는 편이 좋다.

뭔가 중요한 일은 화요일, 수요일, 목요일에 해야 한다. 그래야 미리 준비할 시간도 확보할 수 있고, 일이 잘못되었을 때 복구할 시간이 확보된다. 보도자료도 월요일이나 금요일에는 배포하지 않는다. 화요일이나 수요일이 가장 좋은데, 그래야 보도 이후에 대응할 시간이 충분해지기 때문이다.

회의

"회의는 독이다."
– 제이슨 프리드, 데이비드 하이네마이어 핸슨, 《똑바로 일하라》 중에서
"*Meetings are toxic.*"
– *Jason Fried and David Heinemeier Hansson, from the book* 《*Rework*》

구글의 회의시간은 30분이다. 어떤 경우는 15분 만에 끝나기도 한다. 한 시간짜리 회의가 잡혔다면 그것은 무척 중요한 일이거나 논의할 내용이 심각하다는 것을 의미한다. 처음에는 30분이 짧다고 느껴질지 모르겠지만, 쓸데없는 이야기를 생략하고 핵심질문과 답만 한다면 30분도 길다.

회의시간은 30분이지만, 회의를 준비하는 데는 훨씬 많은 시간을 쓴다. 효과적인 회의를 위해서는 준비를 철저히 해야 한다. 때로는 나 혼자 준비하는 것이 아니라, 회의에 참가하는 다른 사람

들도 함께 준비해야 하는 경우도 생긴다. 미리 회의에서 어떤 내용을 이야기할지, 어떤 결과를 내야 할지 같은 기대치를 가지고 있는 것이 좋다. 또 필요하다면 회의 전에 필요한 자료와 데이터를 보고 오도록 하면 도움이 된다.

회의보다 평상시에 더 많은 커뮤니케이션을 하는 것이 좋다. 슬랙 같은 협업도구를 도입하면 평소 개발팀, 디자인팀, 마케팅팀, 인사팀 등 모두가 어떤 일을 하는지 서로 투명하게 알 수 있기에 정보공유를 위한 회의도 그만큼 줄어든다.

잘 준비한 분기워크숍, 스크럼 회고와 설계, 계획 회의는 중간 회의를 많이 줄여준다. 이런 중요한 마일스톤 회의에서 충분히 토론하고 모두의 공감을 얻은 다음, 확실한 목표와 액션사항들을 정한다면 중간에 점검하는 회의시간이 훨씬 줄어들 것이다.

단, 중요한 안건에 대해 모두가 쉽게 동의한다면 다시 한 번 의심해봐야 한다. 소수 의견에 귀 기울여보거나, 회의실 막내나 신참의 말을 들어보면 새로운 시각으로 문제를 볼 수 있을지 모른다. 항상 의외의 의견에 귀 기울여라.

1991년 일본 게임회사 세가Sega의 미국 비즈니스를 담당하기 위해 톰 칼린스키Tom Kalinske가 처음 부임했을 때, 세가의 미국 내 시장점유율은 2%에 불과했다. 미국 시장은 이미 닌텐도가 장악하고 있었다. 톰은 미국 시장과 세가의 경쟁력을 분석한 뒤, 본사로 날아가 임원진 회의에서 하드웨어 가격을 낮추고 게임 소프트웨어를 공짜로 끼워팔자고 제안했다. 회의실에 있던 본사의 일본인 임원들은 톰의 계획이 회사의 수익성을 낮추는 미친 아이디어라며 펄쩍 뛰며 반대했다. 이뿐이 아니었다. 톰은 세가의 타깃고객으로 대학생과 어른들에게 집중해야 한다고 했다. (당시 닌텐도는 어린이와 가정용 콘솔에 집중하고 있었다.) 또다시 회의실에 있던 임원들은 공부하기도 바쁜 대학생들은 게임을 하지 않는다며 강하게 반대했다. 하지만 세가의 공동창업자 나카야마 사장은 톰에게 미국 시장을 맡겨두었으니 생각하는 바대로 실행하라고 밀어주었다. 불과 3년 뒤 1994년, 세가는 미국에서 시장점유율 45%를 차지하며 닌텐도의 강력한 경쟁자가 되었다.

점심시간

"누구나 요리사는 될 수 있지만, 모험하는 자만이 훌륭한 요리사가 될 수 있다."
– 셰프 구스토, 영화 〈라따뚜이〉 중에서
"Anyone can cook, but only the fearless can be great."
– Chef Auguste Gusteau, from the movie 〈Ratatouille〉

내가 경영하던 게임회사 로켓오즈에서는 점심시간이 따로 없었다. 배가 고프면 시간에 상관없이 자유롭게 나가서 먹거나 김밥이나 샌드위치를 사들고 와서 먹었다. 어느 날 새로 뽑은 신입사원이 내게 오더니 "대표님, 점심시간이 언제인가요?"라고 물었다. 나는 안경 너머로 그 친구 눈을 쳐다보고는 "네가 배고플 때가 점심시간이야"라고 말해주었다. 그 친구는 혼란스러운 듯한 표정으로 다시 자리로 돌아갔다.

나는 배가 고프지도 않은데 12시가 되었으니 한창 집중이 잘되던 일을 멈추고 점심을 먹으러 가야 한다는 규칙이 도대체 마음에 들지 않았다. 더군다나 12시는 식당이 가장 붐비는 시간이지 않은가. 나는 내가 적당히 배고플 때, 일하다 잠시 쉬고 싶을 때, 식당이 조금 한가해서 여유롭게 식사할 수 있을 때 먹고 싶었다. 그것이 내가 원하는 점심시간이었다.

데브시스터즈가 쿠키런이라는 게임으로 성공한 이후 좀 더 그럴듯한 사무실로 이전하면서 아주 멋진 구내식당과 카페를 만들었다. 새 사무실이 오픈한 지 얼마 안 되어 점심에 초대받아 갈 기회가 있었다. 다른 구내식당과 달리, 이 회사는 근사한 레스토랑처럼 우리가 자리에 앉으면 서빙하는 직원이 와서 메뉴를 주문받아 갔다. 그러고는 잠시 후 서버가 음식을 내 자리로 가져다주었고, 식사를 마친 다음에는 친절하게 커피 주문까지 받아갔다.

궁금해진 나는 "그냥 카페테리아처럼 줄 서서 트레이에 받아가면 빠르고 편할 텐데 왜 이렇게 직원이 주문받고 음식을 갖다주기까지 하는 거죠?"라고 물었다. 데브시스터즈의 공동창업자 김종흔은 이렇게 답했다. "저는 이 식당이 그저 고픈 배만 채워가는 곳이 아니기를 바랐어요. 우리 회사는 직원들과의 소통이 굉장히 중요합니다. 계획된 회의든, 잠시 쉬려고 내려왔다가 농담만 하고 가든 여기서 쉬면서 나누는 대화들이 우리 회사의 게임에 엄청난 영감을 줍니다. 이 식당도 사람들이 대화에 집중하거나 편하게 쉬다 가는 곳이 되면 좋겠다고 생각했어요. 그래서 서빙하는 직원을 따로 두고 사람들이 대화와 휴식에 더 집중할 수 있도록 하고 있습니다."

최신 순으로

"변하지 않는 것은 항상 변한다는 사실뿐이다."
– 살림 이즈메일, 《익스포넨셜 오거나이제이션》 중에서
"Today the only constant is change"
– Salim Ismail, from his book 《Exponential Organizations》

지금까지 알려진 물리학 법칙은 시간이 한 방향으로 흐른다고 가르친다. 그렇다고 해서 우리가 일할 때 거꾸로 하지 말라는 법은 없다. 사실 일할 때는 시간을 거꾸로 돌리는 것이 편할 때가 훨씬 많다.

먼저 회사비용을 처리하는 영수증을 모을 때는 항상 최근 날짜가 위에 와야 한다. 나는 영수증을 모으는 작은 상자를 책상 서랍에 두는데, 방금 사업 파트너와 식사하고 받은 영수증을 넣을 때는 맨 위에 올려두기만 하면 된다. 만약 오래된 영수증이 가장 위에

있다면 나는 상자를 꺼내서 영수증 뭉치를 모두 꺼내 가장 아래쪽에 방금 받은 영수증을 넣은 후 다시 영수증 뭉치를 상자에 넣고, 그 상자를 서랍에 넣은 후 서랍을 닫아야 한다. '최신 순으로', 즉 시간을 거꾸로 만들면 이 모든 불필요한 절차들이 사라진다.

주간회의록을 정리할 때에도 최근 회의록을 문서의 가장 위에 올려둔다. 보통의 문서라면 맨 마지막 문단에 이어서 적는 것이 관행인데, 회의록처럼 시간이 붙는 문서라면 '최신 순으로' 정리해야 한다. 문서를 열었을 때 보이는 첫 문단이 1년 전 회의록이라면 오래된 정보가 가장 먼저 보이게 된다. 바로 지난 주의 회의록을 빨리 찾아봐야 한다면 (대부분 그렇듯이) 수십 페이지 뒤에 있는 문서의 마지막 문단까지 한참 내려가야 한다. 나뿐 아니라 이 문서를 보는 모든 사람들이 불편하다. 잘된 문서라면 첫 문단에 최신의 정보(혹은 가장 중요한 정보)가 담겨 있어야 한다. 그러면 주간회의에서 바로 지난 주의 회의록을 읽어보고, 그 위에 이번 주 회의록을 써 넣을 수 있다.

최신 순으로 정리하기는 영수증이나 주간회의록 정리에서 그치지 않는다. 회사소개서 등에서 흔히 보는 회사연혁도 최신순으로 할 때 더 좋은 경우가 많다. 100년이나 된 회사가 자랑하고 싶은 역사를 강조하는 게 아니라면 대부분 최신순이 좋다. 특히 연혁이 짧은 스타트업의 경우, 최근 소식이나 제품출시, 투자계약 등이 더 중요하기 때문에 최신 순으로 쓰는 것이 좋다.

지금 작성하는 문서에 시간이 언급된다면 기계적으로 오름차순으로 쓰지 말고, 반드시 최신 순으로 정리하면 어떨까 하고 질문해 보라.

변화의 기술

"변화는 피할 수 없다. 변화를 즐기는 데서 창의성이 나온다."
– 에드 캣멀, 《창의성을 지휘하라》 중에서
"Change is inevitable. Working with change is what creativity is about."
– Ed Catmull, 《Creativity, Inc.》

파이브락스(창업 당시 이름은 아블라컴퍼니)가 창업 당시 만들었던 서비스는 식당 예약 앱, 설문조사 앱 등 몇 가지 스마트폰 앱들이었다. 회사는 뚜렷한 아이디어나 비즈니스 모델 없이 막연히 커지기 시작하는 스마트폰 앱 시장에서 존재감을 알리기 위해 노력하고 있었다. 하지만 수차례 실패를 거듭하자 큰 고민에 빠졌다. 우리 회사가 잘하는 것은 무엇일까? 우리의 가장 큰 경쟁력은 무엇일까? 공동창업자들은 그동안 여러 개의 소비자용 앱들을 만들면서 그것들을 분석하기 위해 개발해놓은 사내개발용 분석도구에

초점을 맞추기 시작했다. "우리가 만든 앱 분석도구를 시장에 공개하고 팔아보면 어떨까? 아직은 전 세계에 그럴듯한 모바일 앱 전용 분석도구가 많지 않잖아? 이건 우리가 잘할 수 있을 것 같아!"

불과 몇 달 뒤, 그들은 파이브락스라는 모바일 앱 분석도구를 시장에 내놓고 본격적으로 기업들에 팔기 시작했다. 파이브락스의 분석도구는 새롭고 우수한 기능으로 해외 대기업이나 스타트업들도 사용하기 시작했고, 2014년에 탭조이Tapjoy라는 샌프란시스코의 유니콘 스타트업에 매각되었다.

김사랑은 온라인으로 구두를 살 때 겪는 사이즈 문제, 신었을 때 편한지 알기 어려운 불안감, 그리고 교환과 환불에서 겪는 불편함을 해결하고자 '트라이문'을 창업했다. 처음에는 비용을 아끼기 위해 구글에서 운영하는 코워킹스페이스인 캠퍼스 서울의 카페에서 일했다. 매일 아침 팀원들과 카페에 와서 좋은 자리를 잡고 저녁에 문닫을 때까지 제품을 설계하고, 사업계획서를 쓰고, 파트너들과 미팅을 했다. 처음에는 트라이문의 직원이 직접 고객을 방문해서 발 치수를 재고 디자인을 결정한 후 제작하여 배송해주는 서비스를 시작했는데, 불과 두 달이 지나지 않아 실패로 돌아갔다. 직원들이 일일이 고객을 방문하는 것도 시간과 비용이 드는 문제였고, 주문제작에서 배송까지 2주 이상 소요되는 점 때문에 고객들의 불평이 있었다. 회사 자금은 점점 줄어들었고, 회사가 피보팅할 수 있는 기회는 몇 번 없었다. 트라이문은 주문제작 및 판매방식을 크게 바꾸어야 했다. 김사랑은 그 이후에도 여러 번 사업모델을 바꾸고, 타깃고객을 더 구체적으로 설정하고, 제작과 유통과정을 꼼꼼히 챙겼다. 직원수도 크게 늘리지 않았다. 김사랑은 창업한 지 2년이 되지 않아 월매출 3억 원으로 성장시켰다.

피보팅Pivoting

피보팅이란 새로운 성장을 위해 기존에 하던 사업을 접고 새로운 사업을 시도하거나, 비즈니스 모델을 B2C에서 B2B로 바꾸는 것처럼 변화를 주는 것을 말한다.

사업을 하다 보면 피보팅을 하는 경우가 많다. 노키아는 1900년대 중반만 해도 자동차 타이어나 플라스틱 용기와 같은 온갖 종류의 잡화를 만들었지만, 휴대폰 시장의 잠재력을 알아본 후에는 모든 사업을 철수하고 휴대폰 사업에 집중했다.

사진을 공유하는 서비스인 인스타그램Instagram도 처음에는 자신의 위치를 체크인하는 '버번Burbn'이라는 앱이었다. 사람들이 식당이나 미술관 같은 곳에 갔을 때 자신이 방문했다고 기록하는 용도로 사용했다. 하지만 생각했던 것만큼 사람들은 버번 앱을 사용하지 않았다. 창업가 케빈 시스트롬Kevin Systrom은 얼마 안 되는 유저들이 버번 앱에서 무엇을 하는지 유심히 살폈다. 그는 유저들이 사진 올리는 것을 유난히 좋아한다는 사실을 발견하고, 앱에서 사진을 제외한 모든 기능을 빼고, 사진 올리는 기능만 갖춘 인스타그램을 만들어서 앱스토어에 올렸다.

사람들은 인스타그램의 단순한 기능과 쉽게 예쁜 사진을 만들어주는 필터 기능을 사랑했다. 인스타그램은 그렇게 피보팅에 성공했다. 오늘날 전 세계에서 가장 많은 사람들이 즐기는 동영상 사이트인 유튜브 또한 피보팅으로 성공한 대표적 사례다.
피보팅은 스타트업의 99%가 거쳐가는 단계다. 처음 만든 제품이나 서비스로 곧장 성공하는 스타트업은 드물다. 주의해야 할 점은, 단지 다른 시장이 더 좋아 보인다든지, 시장 흐름이 바뀐다는 이유만으로 우리 팀이 아무런 경쟁력과 전문성도 없는 방향으로 나아가서는 안 된다는 것이다. 피보팅은 어디까지나 성장을 위한 계획된 방향수정이고, 팀의 핵심경쟁력이 더 강화되는 방향으로 바꾸어야 성공한다.

변호사와 회계사

"난 네 와이프라고! 네가 가질 수 있는 것 중에서 가장 좋은 거란 말이지."
– 프로존, 영화 〈인크레더블〉 중에서
"I'm your wife! I'm the greatest good you're ever gonna get."
– Frozone, from the movie 〈The Incredibles〉

변호사와 회계사는 창업가의 친한 친구다.

대부분의 창업가는 법률과 회계, 세무에 전문지식이 없다. 문제는, 항상 일이 커지고 난 다음에 변호사와 회계사를 찾는다는 사실이다. 그때는 변호사와 회계사가 문제를 해결해줄 수 있다 하더라도 큰 비용을 지불해야 할지도 모른다.

내가 알던 한 스타트업이 꽤 성장하여 드디어 상장을 준비하게 되었다. 상장을 위해 회계감사를 받던 중, 몇 년 전 창업가와 아내의 주식거래 내용이 문제가 되어 증여세 폭탄을 맞았다. 회사가 어려웠을 때 장인어른의 돈을 빌리면서 자신의 주식 일부를 아내 명의로 주었는데, 이 과정에서 거래기록도 제대로 하지 않고 주식평가도 하지 않은 바람에 국세청에서 포괄적인 증여로 보고 세금을 매긴 것이었다. 장인어른에게 빌렸던 돈의 회계처리와 채무에 대한 법적인 문제도 있었다. 회사가 어려운 때라도 이런 거래를 하기 전에 회계사와 변호사에게 자문을 구했다면 훨씬 나았을지 모른다.

미리 변호사와 회계사에게 물어보면 창업가가 미처 인지하지 못한 문제를 말해주고 예방할 수도 있다. 처음에는 변호사들이 무료로 해줄 수 있는 일이 나중에 잘못된 것을 알았을 때는 수억 원짜리 (수십억 원일 수도 있다) 비싼 일이 될 수 있다.

7장.

창업가가 풀어야 할 문제

스타트업은 사명이다. 강한 믿음과 사명감이 없으면 스타트업 앞에 놓인 길고 험난한 죽음의 계곡을 건널 수 없다. 강한 사명감은 보다 근원적인 곳에서 나온다. 더 나은 삶과 더 평등한 사회에 대한 열망, 질병이나 환경파괴와 같은 보편적이면서도 풀기 어려운 문제들은 창업가에게 큰 도전의식을 준다. 나아가 이런 문제로부터 시작해야만 창업가뿐 아니라 정부, 비영리기관, 언론과 학교 등 사회구성원들이 나서서 사회 전반의 제도와 환경을 스타트업하기 쉽도록 지원할 것이다. 언론은 창업가들이 존경받는 사회인식을 환기시키고, 학교와 비영리기관들은 미래의 창업가들을 길러내고, 정부는 창업하기 좋은 제도를 만들어줄 것이다. 스타트업을 이야기하면 빠른 시간 내에 성장해서 큰돈을 벌고 창업가가 부자 되는 개인의 성공 스토리를 떠올리지만, 오히려 스타트업은 앞으로 수십 년, 어쩌면 100년 이상의 미래를 설계하는 큰 국가계획이다.

그렇다면 창업가와 우리 모두가 머리를 맞대고 고민해야 할 문제들은 어떤 것이 있을까?

생명

지난 수천 년 동안 인간은 더 오래 살기를 원했고, 수명을 늘리고자 엄청난 노력을 했다. 이집트의 파라오들과 고대 제국의 권력자들은 영생을 얻기 위해 신에게 제사를 지내고 거대한 무덤을 지었다. 자신의 생명을 연장하기 위해 다른 이의 생명을 신에게 바치기도 했고, 전쟁을 일으켜 수많은 사람들의 목숨을 앗기도 했다.

인간의 폭력이나 천재지변에 따른 죽음 외에도 인간이 죽음에 이르는 가장 큰 원인은 언제나 질병이었다. 14세기 초 흑사병은 불과 4년 만에 당시 유럽 인구의 1/4을 사망하게 했다. 흑사병으로 영국은 인구의 40%가 줄었고, 플로렌스 지방은 순식간에 인구가 절반으로 줄었다. 보이지 않는 위험에 의해 인간이 몰살당하는 동안 사람이 할 수 있는 일은 기도 외에 별로 없었다.

하지만 18세기 백신의 발견으로 마침내 사람들은 세균과 싸울 수 있게 되었다. 천연두 접종은 인간이 세균과 싸워 이긴 첫 사례다. 1967년에는 천연두로 200만 명 넘는 사람들이 죽었지만, 불과 20년 뒤인 1979년에는 WHO가 천연두 발생 사례가 0건이었음을 발표하며 인간의 승리를 선언했다. 지금도 AIDS, 에볼라 바이러스, SARS, 조류독감 등이 계속 인류의 생명을 위협하고 있지만 인간들은 더이상 속절없이 당하고만 있지 않는다. 한편으로 WHO와 민간 비영리단체들의 노력으로 영아사망율도 급격히 줄었다. 인류 역사상 처음으로 영아사망율이 5% 미만으로 떨어졌고, 개발국가들에서는 1% 미만의 영아들이 사망할 뿐이다.[33]

질병과의 싸움에서 승리하기 시작하자 인간의 평균수명은 급격히 늘어났다. 20세기 초 40년 정도였던 평균수명이 20세기 말에는 70년 정도로 늘어났다. 20세기 인간은 신이나 운에 기대지 않고 인류 스스로 수명을 연장시킨 첫 세대가 되었다.[34] 과학기술의 발전이 생명연장에 기여했음은 누구나 아는 사실이다. 세균과 백신의 발견, 엑스레이, DNA의 발견, 단백질 합성, 인공수정 등 지난 100여 년간의 발전은 수명연장의 꿈을 현실로 만들었다.

하지만 여전히 정복해야 할 산은 많다. 21세기 들어서는 전쟁 때문에 죽는 사람보다 당뇨나 자살로 죽는 사람이 훨씬 더 많아졌다. 2012년 통계를 보면 전쟁으로 죽은 사람은 12만 명에 불과하지만 자살로 죽은 사람은 80만 명이 넘고[35](우리나라는 OECD 국가들 중 자살률 1위다), 150만 명 넘는 사람들이 당뇨병으로 죽었다.

실리콘밸리의 테크회사들도 생명연장 노력에 동참하고 있다. 구글은 노화를 연구하는 칼리코Calico라는 회사에 투자했고, 피터 틸은 스템센트릭스Stemcentrx라는 암치료제를 연구하는 스타트업에 투자했다. 《특이점이 온다The Singularity Is Near》로 유명한 미래학자인 레이 커즈와일은 《영원히 사는 법Transcend: Nine Steps to Living Well Forever》이라는 책을 내며 장수에 대한 관심을 드러냈다. 구글은 혈당을 측정하는 콘택트렌즈를 개발 중이다. 마이크로센서와 컴퓨터가 심긴 이 작은 콘택트렌즈를 눈에 끼우면 매초 혈당치를 측정한다. 과거에는 사람이 하루에 3~4번 바늘로 손가락을 찔러서 낸 핏방울을 측정기계에 넣어야 했다. 고통스럽기도 하거니와 하루 3~4회 측정으로는 효과적인 당뇨치료를 할 수 없다.

2015년 한국이 메르스MERS의 공포에 떨었을 때, 구글캠퍼스서울에 있던 멋쟁이사자처럼은 '메르스맵닷컴'을 만들어 전국 메르스 확산 지도를 온 국민이 볼 수 있게 했다. 정부의 대응이 더디고 제대로 된 정보를 주지 않자 개발자들 몇 명이 모여 몇 시간 동안 만든 메르스맵은 일주일 만에 500만 명 넘는 사람들이 보았다.

우리나라를 포함한 몇몇 나라는 저출산이 사회적 문제다. 스페인의 스타트업 '움Woom'은 여성의 생리주기와 생활 데이터를 활용해 부부가 아이를 가질 수 있도록 가이드를 주는 모바일앱과 서비스를 개발해 임신과 출산을 돕고 있다.

2016년 구글 데모데이에서 플레이어스헬스Player's Health라는 팀이 우승했다. 전직 프로 미식축구 선수들이 만든 서비스였는데, 운동선수들의 부상과 건강정보를 기록하고 코치와 의사, 가족들과 공유함으로써 효율적인 재활이 가능하도록 돕는다. 학교와 프로 팀 내에서 선수들의 건강과 부상이 체계적으로 관리되지 않고 심지어 팀의 승리를 위해 선수의 부상 사실을 숨기거나 재활치료를 늦추는 문제점을 지적하고, 이들이 제대로 된 관심을 받을 수 있도록 서비스를 만든 것이다.

한국의 스타트업 루닛Lunit은 인공지능을 이용해 엑스레이나 MRI 같은 의료영상 정보를 컴퓨터가 보고 처리할 수 있는 기술을 개발했다. MRI로 뇌를 스캔하면 수천 장의 영상이 만들어지는데, 지금은 의사가 이 영상들을 일일이 다 보고 진단한다. 하지만 수천 장의 사진을 꼼꼼히 본다는 것은 현실적으로 불가능할 뿐 아니라 의사가 피곤하거나 아프다면 중요한 정보를 놓칠 위험도 크다. 하지만 기계는 하루 수억 건의 영상을 보아도 피곤한 법이 없다. 실수도 없다. 이렇게 컴퓨터가 먼저 살펴본 영상정보를 의사에게 제공한다면 의사는 훨씬 정확하고 효율적으로 더 많은 환자들을 진료할 수 있다.

우리나라는 바이오와 헬스케어 산업이 경쟁력이 있다. 최근 몇 년간 한국에서 1조 원 이상의 기업가치로 상장한 유니콘 회사들은 대부분 바이오 혹은 헬스케어 회사들이다. (물론 탈모치료제나 피부를 좋게 해주는 약들로 큰 돈을 벌어서 상장한 회사들도 많다. 하지만 이런 관련 없어 보이는 노력들이 의외의 곳에서 큰 도움을 주는 경우도 많다. 작은 성공들이 많아야 큰 성공을 만들어낸다. 어쨌거나 탈모와 피부노화는 인류가 수천 년 동안 고민해온 문제 아니던가!) 미래에는 헬스케어와 인공지능, 기술이 결합된 분야가 우리나라의 큰 성장동력이 될 수 있다. 여기에서 스타트업들은 기회를 찾아야 한다.

성평등

우리나라에는 여성 리더들의 성공을 방해하는 두꺼운 유리천장이 있다. 국회의원 중 여성 비율은 16%(300명 중 49명, 19대 국회, 2015년)에 불과하고, 상장기업 중 여성임원 비율은 불과 1.9%[36]다.

예를 들어보자. 한국전력거래소에서 공개한[37] 자료를 보면 372명 임직원 중 여성은 불과 39명이다. 3명의 임원 중 여성은 한 명도 없다. 직원 중 가장 하위직급인 3급과 4급에 25명이 있을 뿐이다. 일부는 전력거래소의 업무가 여성이 일하기 어렵다고 말할지도 모르겠다. 하지만 육군사관학교 생도 중 성적 상위권이 모두 여성이라는 사실을 보면 과연 전력거래소가 육군사관학교보다 더 남자들에게 최적화된 조직인지 생각해볼 문제다.

스타트업은 이런 사회문제를 풀어야 한다. 과거의 좋지 않은 관습과 차별을 의식적으로 없애고 개선하도록 노력해야 한다. 낡은 기업문화에나 있을 법한 성차별을 일삼는 부장이 스타트업에는 없어야 한다. 생존이 걸린 스타트업 초기에는 성별을 따지기보다 지금 당장 문제를 해결할 수 있는 사람이 더 필요하다. 능력 있는 사람이라면 누구나 일할 수 있는 문화를 초기부터 만들어야 한다.

때로는 더 적극적으로 여성의 사회활동을 도와야 한다. 아직도 사회적 관습상 여성이 육아를 담당하는 편이다. 하지만 기업이 적극적으로 육아를 도와준다면 이야기는 달라진다. 엔씨소프트는 오래 전부터 어린이집을 운영하고 있다. 그냥 형식적으로 지은 게 아니라 아주 제대로다. 시설도 훌륭할 뿐 아니라 교육과정과 급식 국제인증을 받은 훌륭한 어린이집이다. 아이가 있는 직원들에게는 더할 수 없는 복지혜택이다. 아이와 함께 출근해서 어린이집에 맡기고, 근무하다가 가끔 아이가 야외수업 받는 모습도 구경할 수 있다. 아이 아빠인 내 친구도 엔씨소프트 어린이집에 아이를 맡기고 일과 육아를 병행했다. 그 친구는 "회사 어린이집이 아이를 키워준 거야"라고 말한다.

배달의민족은 남녀 직원 모두 육아휴직을 법정휴가보다 한 달 더 쓸 수 있다. 이 기간 동안 급여를 100% 지급한다. 생활비 걱정 없이 사랑하는 아이와 한 달 더 보낼 수 있다는 것은 부모들에게는 무척 큰 혜택이다.

이런 노력들은 국가와 기업 그리고 스타트업들이 함께 만들어가야 한다. 돈이 없다고, 아직 작은 회사라고 더 미뤄서는 안 된다. 오히려 대기업이나 공공기관들이 못하는 일을 스타트업이 해야 한다. 스타트업이니까 할 수 있는 것들이다.

민주주의와 평화

15세기 구텐베르크의 인쇄술은 당시 최고의 기술이었다. 구텐베르크의 인쇄기 이전에는 책이란 왕과 귀족, 성직자들의 전유물이었고, 일반 서민들이 소유하기에는 터무니없이 비쌌다. (때로는 책을 소유했다는 이유만으로 큰 형벌이 가해졌다.) 하지만 구텐베르크의 인쇄기로 값싸게 책을 출판하게 되자 서민들도 성경을 쉽게 접하기 시작했고, 성경에 대한 여러 해석과 사상이 나왔다. 성경뿐 아니라 다양한 철학자와 사상가의 책이 인쇄돼 유럽 전역에 퍼져 나갔다. 새로운 생각들이 사람들 사이로 스며들면서 마침내 18세기 유럽 최초로 프랑스에서 시민들이 인권선언을 하기에 이르렀다.

과거 우리나라는 경제성장이 제일의 가치였다. 민주주의 헌법수호, 인권, 자유와 평등, 표현과 예술의 자유 같은 가치들은 경제성장 논리 앞에서 종종 침해당했고, 지금도 만족할 만한 수준으로 존중받고 있는 것 같지는 않다. (박근혜 대통령 탄핵의 직접적 계기가 되었던 문화계 블랙리스트 같은 사건들을 생각해보라.) 그러나 21세기에는 직접 민주주의가 가능해졌다. 그 중심에 인터넷이 있다. 2016년

말 최순실 국정농단 사건으로 온 나라가 혼란에 빠졌을 때, 강윤모 등 4명은 '박근핵닷컴'을 만들어 공개했다. 국민들의 목소리를 국회의원들에게 직접 전달하는 이 간단한 웹사이트는 국회의원들이 탄핵소추안을 상정하도록 만드는 하나의 계기가 되었다. 15세기의 인쇄술이 그랬듯이, 21세기의 인터넷은 국민들의 목소리를 직접 전해주는 매개체가 된다.

물론 인터넷으로 인한 폐해도 있다. 가짜뉴스, 포퓰리즘, 악성댓글 등이 민주주의 가치를 훼손시키고 특정인을 괴롭히거나 집단끼리 반목하게 만들기도 한다. 하지만 인터넷이 가져다준 선순환을 생각해볼 때 이런 문제점들은 지엽적이며, 해결 가능하다. 지금도 많은 스타트업들이 이런 문제를 해결하기 위해 계속 고민하고 있다.

사회 불평등과 초고령사회

우리 사회는 빈부격차 문제로 갈등을 겪고 있다. 그 밖에도 교육 불평등, 지식 불평등, 부와 권력의 세습문제, 인종간 불평등, 성적소수자 및 장애인에 대한 차별 등 다양한 형태의 차별이 존재한다.

불행하지만 앞으로 이런 사회 불평등 문제는 더욱 심화될 것 같다. 인간수명이 150세로 연장되는 사회를 가정해보자. 인간의 자연수명이 80~90세라 생각할 때 (수백 년 전 의학수준이 낮았을 때도 장수하는 사람들은 70세 이상 살았다. 미켈란젤로, 황희, 조선시대 영조 모두 여든을 훨씬 넘겼다), 100세 이후의 삶은 그 사람이 가진 경제력에 따라 크게 차이가 날 것 같다. 돈 있는 사람은 150세도 거뜬히 살고, 돈이 없는 사람은 그 절반인 70~80세에 죽는다. 20세기에는 소득에 따른 기대수명이 몇 년 차이나지 않았지만, 21세기 말에는 50~60년이 벌어질지도 모른다. 무려 한 세대가 훨씬 넘는 기간이다. 이 기간 동안 돈 있는 사람들은 부를 축적할 시간이 더 많아지고, 지식과 경험을 얻을 시간도 많아지며, 가족에게 부와 인맥 등 사회적 자산을 물려줄 기회도 많아진다. 즉 부익부 빈익빈이 지금보다 훨씬 심화될 가능성이 있다. 이 문제를 어떻게 풀 것인가?

부의 세습뿐 아니라 경험과 지식, 인맥의 세습도 격차를 심화시키는 요인이 될 것이다. 지금은 1차 세계대전을 직접 경험한 사람이 다 죽어서 거의 없지만, 21세기 말에는 뉴욕의 트레이드타워가 무너지던 날을 기억하는 사람들이 여전히 정정하게 돌아다닐지도 모른다. 만약 100년 넘게 주식시장의 부침을 겪어보고 데이터를 쌓은 사람이 있다면 이제 막 투자를 시작하는 사람보다 유리하지 않겠는가? 워렌 버핏이 100년 동안 전 세계 금융시장을 보고 겪은 경험을 아들에게 전수한다고 생각해보자. 동화책 쓰듯 구술하는 형태로 세습되지는 않을 것 같다. 그보다는 0과 1로 된 엄청난 양의 데이터, 머신러닝과 같은 인공지능 알고리즘, 그리고 충성스럽고 지혜로운 전문가 인맥을 물려줄 것이다. 이런 도구들을 물려받은 후세들이 그렇지 않은 경쟁자보다 훨씬 유리하게 시작할 것임은 분명하다. 이런 차이를 뛰어넘기란 점점 더 어려워질 것이다.

여기에 더해 우리나라는 더 심각한 문제가 있다. 인구구조의 고령화와 인구절벽이다. 인류가 겪어보지 못한 초고속 고령사회로의 이전이 우리 앞에 놓여 있다. 지난 수천 년 인류 역사상 어떤 현자도 이 문제에 대해 고민해본 적이 없고, 우리나라의 어느 석학이나 정부부처도 이렇다 할 대책을 내놓지 못하고 있다. 우리 사회는 곧 터질 시한폭탄을 눈앞에 두고 있다.

어떤 문제가 생길까? 우선 사회보장제도가 어려움을 겪는다. 국민연금은 지출이 커지면서 지급불능 사태가 올지도 모른다. 퇴직연금 등 기본적인 생활대책을 마련하지 못한 사람들은 빈곤층으로 떨어질지도 모른다. 지난 30~40년간 열심히 일해서 저축해온 대부분의 부모세대가 이런 상황이다.

의료보험제도도 전면 수정되어야 한다. 초고령자에게서 새롭게 발견되는 질병, 늘어나는 치매와 암, 심근경색 등 노인성 질병에 대처해야 한다. 우리나라는 국가에서 의료보험을 담당하는데, 현재는 대략 80~90세 수명을 가정해 설계되어 있다. 하지만 130~150

세까지 살게 된다면 어떻게 의료보험제도를 유지할 것인가?

부동산 경기는 급속히 침체될 것이다. 고성장시대를 산 부모님 세대는 부동산 불패신화를 경험했지만, 줄어드는 인구구조에서는 월세 임차인을 찾기도 어려워질 것이다. 아파트나 빌라처럼 임대용으로 사둔 부동산을 매각할 수 있다면 운이 좋은 편이다. 노후에 월세를 줄 생각으로 대출이라도 끼고 집을 샀다면 크게 걱정해야 한다. 어쩌면 월세도 못 받고 집을 경매로 넘겨줘야 할지도 모르니까. 주거용 부동산 같은 거시경제 문제는 국가가 나서서 해결할 문제이긴 하지만, 스타트업들도 충분히 나설 수 있다. 임대인과 임차인 사이의 거래를 더 효율적으로 연결해주는 서비스나, 자산을 유동화할 수 있는 비즈니스 모델로 집주인 노부부들의 걱정을 덜어줄 수 있을 것이다.

교통문제도 심각하다. 교통체증과 주차난, 환경문제, 노령화에 따른 운전조작 실수 등 현대의 교통시스템이 가지고 있는 문제는 많다. 우버는 대중교통의 혁신을 가져왔다. 언제나 편리하게 누군가의 차량을 불러서 내가 가고 싶은 곳으로 갈 수 있게 해주었다. 구글캠퍼스서울의 입주사였던 콜버스는 버스가 없는 심야시간에 안전하게 집 앞까지 데려다주는 버스를 제공했다. 구글, 테슬라, 우버 등 실리콘밸리의 공룡기업들은 앞다투어 자율주행차를 연구하고 있다. 아마 20년이 지나지 않은 미래의 도로에는 사람이 직접 운전하는 차를 보기 힘들어질 것이다.

고령사회가 되면 교육제도도 바뀌어야 한다. 대략 8세에서 20대 초까지 교육을 받고 50~60세에 은퇴할 때까지 사회생활을 하는 라이프사이클은 이제 끝났다. 무서운 속도로 바뀌는 기술과 사회환경에 적응하기 위해서는 수시로, 평생 교육받아야 한다. 아마 5~10년 주기로 다시 학교로 가야 할지도 모른다. 원래 하던 일을 더 잘하기 위해, 그리고 트럭 운전수처럼 기계가 자율주행을 맡게 되면서 일자리를 잃은 사람들을 위해 새롭게 전문교육을 받을 수 있는 기회가 제공되어야 한다. 대학교는 사회에 필요한 인재를 수시로 재교육하는 기관이 되어야 한다.

이미 우리가 아는 교육현장에서는 고령사회로의 이전이 시작되었다. 2000년에는 초등학생이 약 400만 명이었지만, 2035년에는 230만 명으로 줄어들 전망이다. 거의 절반으로 줄어드는 셈이다. 대학교도 마찬가지다. 2015년 우리나라의 대학입학 정원은 약 52만 명이었는데, 수험생은 64만 명이었으므로, 대학입학 경쟁률은 1.23대 1밖에 안 된다. 4년제 대학만 생각해봐도 2002년생 32만 명이 대학에 진학하는 2021년에는 경쟁률이 1대 1이 되고, 2025년에는 0.96대 1로 누구나 대학에 갈 수 있는 사회가 된다.[38] 대부분의 대학은 이제 더 이상 고등학생 수험생들을 유치하기 위한 전략으로는 유지하기 어려워질 것이다. 대학이 지역주민들을 대상으로 재교육하는 평생교육기관이 되어야 하는 이유다.

평균수명이 70세가 조금 넘는 지금은 60세에 은퇴하는 것이 맞아 보이지만, 100살 넘게 사는 것이 이상하지 않은 사회가 되면 60세에 은퇴하는 것은 너무 이르다. 또한 하나의 직업으로 20~30년 먹고 사는 것은 할 만하지만, 40~50년씩 하기는 힘들다. 아마 중간에 직업을 바꾸는 사람들이 많아질 것이다. 젊을 때 하기 좋은 직업과 50세 넘어서 새로 시작하기 좋은 직업으로 나뉠 것이다. 사람들은 자기계발을 하기 위해 새로운 교육기회를 찾을 것이다.

환경과 에너지

환경은 심각한 문제다. 지구온난화, 산림파괴, 어류를 비롯한 생물생태계 파괴, 방사능, 미세먼지, 산업현장과 폐기물에서 나오는 유해물질 등 환경문제는 우리의 생명과 직결된다.

환경문제를 해결하기 위해서는 사회 전반의 운송시스템, 에너지 시스템과 생산 및 유통 시스템을 혁신적으로 바꿔야 한다. MIT의 컴퓨터과학 인공지능연구실에 따르면 우버, 리프트와 같은 차량 공유 서비스는 대도시 교통량을 75%나 줄일 수 있다.[39] 아마존은 드론 배달 기술을 개발해 더 빠르고 저렴하게 배송하는 동시에 배송차량이 내뿜는 배기가스와 이산화탄소를 줄이려고 한다. 테슬라와 구글은 자율주행차를 개발해 에너지를 덜 쓰면서도 더 빠르게 이동할 수 있는 교통수단을 만들려고 연구개발 중이다.

파타고니아의 창업자 이본 쉬나드Yvon Chouinard는 "필요하지 않다면 이 재킷을 사지 말라"라는 역설적인 마케팅 캠페인을 벌였다. 필요하지 않은 생산과 소비 자체를 환경을 파괴하는 행위로 보고, 가급적 자사의 새 등산복을 사지 않도록 소비자들에게 주문한 것이다. 파타고니아는 유기농 면으로만 옷을 만든다. 면화 농장에서부터 유통, 생산까지 환경과 노동자를 생각하면서 등산복을 만들려고 노력한다. 그렇게 판매한 매출의 1%는 다시 환경단체에 기부한다. 최근에는 재활용 소재를 활용한 옷도 만들고 있다.

구글은 오바마 행정부 시절 연방지속가능성장책임자Federal Chief Sustainability Officer를 지냈던 케이트 브랜트Kate Brandt를 지속성장임원으로 채용하고 환경문제를 해결하는 데 앞장서고 있다. 구글은 2016년 전 세계에서 재생친환경 에너지를 가장 많이 구매한 회사다. 한 해 동안 2.5기가와트의 재생친환경 에너지를 구매했는데, 이는 후버댐이 한 시간 동안 최대 생산할 수 있는 에너지보다 많은 양이며, 5000대가 넘는 스포츠카에 해당하는 에너지 양이다. 구글은 또 2조 원에 가까운 돈을 풍력과 태양에너지에 투자하고, 이로써 생산되는 에너지를 전 세계의 데이터센터에서 사용하고 있다.[40]

구글어스엔진Google Earth Engine과 구글어스아웃리치Google Earth Outreach는 학자들과 비영리단체 연구원들이 지난 수십 년간의 방대한 데이터를 활용해 지구온난화와 환경오염 같은 전지구적 문제를 해결하는 연구를 하는 데 도움을 주고 있다. 구글이 만든 여러 가지 제품과 서비스를 이용해 누구나 쉽게 지구환경보호 활동을 할 수 있다. 구글이 개발한 '프로젝트 선루프Project Sunroof'는 구글맵에서 자기 위치를 검색하면 태양열로 주택의 에너지비용을 얼마나 절약할 수 있는지 알려주는 서비스다. 사람들은 이 서비스를 이용해 자기 집에 태양광패널을 설치할지 말지 쉽게 결정할 수 있다. 구글이 만든 픽셀 스마트폰은 부품 중 99%가 재활용 가능해, 수명이 다한 스마트폰을 다시 다른 제품의 소재로 쓸 수 있다. 크롬캐스트는 부품의 50%가 재활용소재로 만들어졌다.

구글이나 파타고니아 같은 대기업뿐 아니라 전 세계의 스타트업들도 지구환경을 보호하고 친환경 에너지를 더 쉽게 쓸 수 있는 아이디어를 사업화하기 위해 노력하고 있다. 2016년 열린 SXSW 에코 컨퍼런스[41]에는 41개의 스타트업들이 아이디어와 제품을 선보였다. 이 자리에서 식물성 플라스틱부터 편의점이나 대형마트의 냉장고 에너지 절감장치, 물 사용을 줄일 수 있는 센서와 아이디어 등이 소개되었다.

이노마드의 박혜린은 대학생 시절 인도를 여행하다가 생각보다 많은 지역에서 전기를 이용할 수 없다는 것을 알고, 오지에서도 전기를 이용할 수 있다면 주민들에게 얼마나 도움이 될까 생각했다. 그래서 이노마드를 창업하여 흐르는 물의 힘으로 전기를 만드는 휴대용 발전기를 만들었다. 첫 제품인 이스트림Estream은 인디고고에서 16만 달러를 모금하는 데 성공했다. 이 제품은 오지뿐 아니라 등산 등 레저 스포츠용으로도 인기가 높다.

비트파인더를 창업한 노범준은 가정과 사무실에 두고 쓸 수 있는 믿을 만한 공기질 측정기를 개발했다. 그는 시스코에 근무하던 당시, 아토피로 고생하는 딸아이를 위해 무엇을 할 수 있을지 고민하다가 가정에서 쉽게 공기질을 측정하는 기기가 시장에 없다는 사실을 깨닫고 어웨어Awair를 개발했다. 어웨어는 스마트폰으로 공기질을 측정하고 쉽게 이해할 수 있는 제품이다.

지속가능한 지구환경 생태계와 에너지 절감은 돈많은 대기업이나 사회적기업만 하는 것이 아니다. 스타트업도 처음부터 이를 고민해야 한다. 창업가들이 혁신적 아이디어와 기술을 고민할 때 생태계를 유지하고 그 속에서 건강하게 살아갈 수 있지 않겠는가?

기억해야 할 10가지 창업가의 일

1. 아이디어, 제품보다 팀이 먼저!

훌륭한 팀을 만들면 훌륭한 아이디어가 나온다

아이디어는 흔하다. 부족한 건 실행하는 사람들이다. 별것 아닌 아이디어도 훌륭하게 수행해내면 멋진 제품이 된다. 부족한 제품이라도 훌륭한 팀을 만나면 멋진 제품으로 바뀐다. 채용이 창업가의 가장 우선순위가 되어야 한다. 우리 팀의 비전에 공감하고 가장 가치를 높일 수 있는 사람들과 함께하라. 나머지는 따라온다.

2. 작게 시작하라

꿈은 크게 갖되, 첫 실행은 작게 하라. 처음부터 모든 기능과 멋진 디자인이 들어간 앱이나 웹사이트가 없어도 된다. 고객을 철저하게 분석하고, 고객이 느낄 우리 제품의 핵심가치를 전달하고 실험하는 데 집중하라. 많은 경우, 프로토타이핑과 린 스타트업 방식이 도움이 될 것이다.

3. 승부는 아이디어가 아니라 누가 더 빨리, 더 잘 실행하느냐에서 갈린다

아이디어를 처음부터 완벽하게 만들기보다는 부족한 아이디어를 작게 여러 번 실행해서 멋진 아이디어로 만들어야 한다. 특허, 비밀 유지에 너무 신경 쓰지 말라. 이 세상 누군가는 나와 같은 생각을 하고 있다. 아이디어를 숨기고 보호하기보다는 여러 사람과 공유하고 더 많은 피드백을 받는 것이 낫다. 아이디어보다는 실행에 집중하라.

4. 빨리 실패하라

하지만 실패로부터 데이터를 모으고, 다음에 어떻게 개선할지를 철저하게 계획하라.

5. 팀에 업무를 주지 말고 업무를 할 동기를 주어라

동기부여야말로 창업가가 할 일 중 가장 우선이다. 팀의 열정이 살아 있다면 일일이 할 일을 말하지 않아도 알아서 해결해 온다.

6. 사람이 먼저다.

채용, 인사, 복지는 창업가가 최우선으로 챙겨야 할 일이다

제대로 된 팀을 만들면 훌륭한 아이디어와 멋진 실행력이 생긴다. 가끔은 버스에서 내려야 할 사람들을 설득해서 내리게 하는 것도 창업가가 할 일이다. 해고야말로 창업가가 아니면 대신 할 사람이 없다.

7. 가족 같은 회사가 아니라 스포츠팀 같은 조직을 만들어라

회사는 가족이 아니다. 팀의 공동 목표를 이루기 위해 각자 맡은 역할을 하는 스포츠팀이다. 팀워크야말로 성장을 만들어내는 동력이다.

8. 거꾸로 하라. 최신 순으로 하라. 범위를 다르게 나누어보라

창업가의 사고방식은 다르다. 불가능한 것을 가능하게 만들려면 사소한 것부터 다르게 하는 습관을 가져야 한다.

9. 여유를 가져라. 잘못된 결정은 항상 가장 바쁠 때 나온다

바쁘고 복잡할수록 멀리서 여유를 가지고 바라보라. 바쁘고 머리 아프다고 대충 한 결정은 결국 큰 손실로 돌아온다. 정신이 맑고 명확한 상태를 유지하라. 수없이 밀려드는 수십 가지 잡다한 일들을 머릿속에 넣어둔 상태로는 올바른 판단과 결정을 하기 어렵다.

10. 꿈은 유니콘을 추구하지만, 현실은 바퀴벌레처럼 살아라

가난은 창업가를 천재로 만든다. 돈을 많이 써서 이기는 것은 쉽지만, 돈을 쓰지 않고 이기는 것이야말로 스타트업이 가진 최고의 경쟁력이다. 제품시장적합성을 찾을 때까지 가설 하나하나를 실험하라. 실패에 굴하지 말고 해결해야 할 문제에 집중하라. 사람들은 성공한 창업가만 기억한다. 성공하기 전까지는 이름 없는 스타트업에 불과하다.

주註

1 "Airbnb's Latest Investment Values It as Much as Hilton and Hyatt Combined", Deanna Ting, Skift, 2016.9
2 스냅Snap Inc.은 2017년 3월 뉴욕증권거래소NYSE에 상장하면서 스스로를 "카메라 회사"라고 정의했다. 스냅은 창업한 지 5년여 만에 약 25조 원이 넘는 가치로 상장했다. 그들은 스냅챗이라는 스마트폰 앱뿐 아니라, 느닷없이 카메라가 달린 선글라스(스펙타클)을 만들어 팔기도 했다.
3 "Microsoft to acquire Nokia's devices & services business, license Nokia's patents and mapping services", 2013.9.3. https://news.microsoft.com/2013/09/03/microsoft-to-acquire-nokias-devices-services-business-license-nokias-patents-and-mapping-services/
4 https://dealbook.nytimes.com/2012/01/19/eastman-kodak-files-for-bankruptcy/
5 위키피디아 '싸이의 음반 목록' 항목
6 위키피디아 'Webvan' 항목
7 위키피디아 'AmazonFresh' 항목
8 "Rebuilding History's Biggest Dot-Com Burst", Greg Bensinger, The

Wall Street Journal, 2015.1.12

9 "Those With ADHD Might Make Better Entrepreneurs. Here's Why." Lydia Belanger, Entrepreneur, 2017.1.4

10 "[The Table] 만화방 아들, 웹툰의 새 판 짜다", 박상현, 조선일보, 2017.4.5

11 〈한국스타트업 생태계 백서〉, 한국스타트업생태계포럼 발표, 2016

12 서비스가 '라이브된다'는 말은 웹사이트나 모바일 앱이 상용서비스를 개시해서 일반 사용자들이 서비스를 이용하거나 상품을 구매할 수 있게 되었다는 뜻이다. 인터넷 서비스 회사들이 서비스를 출시했다고 말할 때 자주 쓴다.

13 "Field Observations with Fresh Eyes – Tom Kelly (IDEO)", YouTube

14 https://dschool.stanford.edu

15 제품을 개발할 때, 철저히 비밀에 부치고 외부에 공개하지 않는 방식

16 "YouTube was meant to be a video-dating website", The Guardian, 2016.3.16

17 1450년부터 1500년까지 50년 동안 3만 종의 책을 총 2000만 부 인쇄했다고 한다. 5000년 전 수메르 사람들이 점토판에 글자를 새긴 이후 인류 전체 역사를 통틀어 출판된 책보다 많은 양이다.

18 책을 소유하는 비용은 단지 책의 가격만이 아니었다. 몇몇 문화권에서는 때로는 책 복제(인쇄)가 엄격히 금지되었고, 사형이라는 무시무시한 대가를 치러야 하기도 했다.

19 "Low-cost DNA sequencer uses Nokia 1020's camera as a microscope", Mariella Moon, Engadget, 2017.1.19

20 "Global market share held by Nokia smartphones from 1st quarter 2007 to 2nd quarter 2013", https://www.statista.com

21 2013년 마이크로소프트가 노키아의 휴대폰 사업부문을 인수한 가격은 40억 달러(약 4조 4000억 원)였지만, 2016년 회계장부 상 손실로 기록하고 있다. 사실상 가치가 없는 것이나 마찬가지. "Microsoft wasted at least $8 billion on its failed Nokia experiment", Tom Warren, The Verge, 2016.5.25 기사에서 재인용

22 "In depth: How Rovio made Angry Birds a winner (and what's next)", Tom Cheshire, Wired, 2011.3.7

23 위키피디아 'List of Falcon 9 and Falcon Heavy launches' 항목

24 나이키의 사명선언문(Mission Statement)

25 "YouTube was meant to be a video-dating website", Stuart Dredge, The Guardian, 2016.3.16
26 "진짜는 귀하다, 나를 귀하게 하라", 윤혜지, 씨네21, 2013.9.12
27 소프트뱅크 비전 선포 http://www.softbank.jp/en/corp/about/philosophy/vision/
28 "Be a Cockroach, not a Unicorn.", https://themission.co
29 2017년 6월말 기준
30 《플레이》, 김재훈, 신기주 저, 2015
31 레오나르도 피보나치(Leonardo Fibonacci, 1170~1250). 이탈리아 피사에서 태어난 수학자. 《Liber-Abaci (Book of Calculation)》라는 책으로 중세 유럽에 힌두-아랍의 수학을 소개했다. 이 책에서 유명한 피보나치 수열을 소개했다.
32 지금의 교과과정에서는 피보나치 수열을 배우지 않는다.
33 위키피디아 'WHO, Small Pox, Black Death' 항목
34 《호모데우스》, 유발 하라리 저, 2017
35 OECD 보고서 '국가별 자살률 통계'
36 "국내 유가증권시장 상장기업의 여성 임원 현황", 김선민, 엄수진, GMI Ratings, 2013 보고서에서 재인용
37 한국전력거래소 홈페이지
38 《정해진 미래》, 조영태 저, 2016
39 "Study: Uber, Lyft carpool services could reduce traffic by 75 percen", Marisa Kindall, The Mercury News, 2017.1.3
40 "Google Environment Report 2016", https://environment.google
41 http://sxsweco.com/2016-startup-showcase-finalists

창업가가 반드시 읽어야 할 책

《스프린트Sprint》, 제이크 냅Jake Knapp
《권도균의 스타트업 경영 수업》, 권도균
《구글의 아침은 자유가 시작된다Google work rules!》, 라즐로 복Laszlo Bock
《제로투원Zero to One》, 피터 틸Peter Thiel, 블레이크 매스터스Blake Masters
《기하급수 시대가 온다Exponential Organizations》, 살림 이즈메일Salim Ismail, 마이클 말론Michael S. Malone, 유리 반 헤이스트Yuri van Geest
《창의성을 지휘하라Creativity Inc.》, 에드 캣멀Ed Catmull, 에이미 월러스Amy Wallace
《클릭 모먼트The Click Moment》, 프란스 요한슨Frans Johansson
《린 스타트업The lean startup》, 에릭 리스Eric Ries
《페이스북 이펙트The Facebook Effect》, 데이비드 커크패트릭David Kirkpatrick
《스타트업 바이블》, 배기홍
《똑바로 일하라Rework》, 제이슨 프리드Jason Fried, 데이비드 하이네마이어 핸슨David Heinemeier Hansson
《디자인에 집중하라Change by Design》, 팀 브라운Tim Brown
《인센티브와 무임승차les strategies absurdes》, 마야 보발레Maya Beauvallet
《특이점이 온다The Singularity is near》, 레이 커즈와일Ray Kurzweil

《당신의 기업을 시작하라The Art of Start》, 가이 가와사키Guy Kawasaki
《해커와 화가Hackers & Painters》, 폴 그레이엄Paul Graham
《티핑 포인트The Tipping Point》, 말콤 글래드웰Malcolm Gladwell
《좋은 기업을 넘어 위대한 기업으로Good to Great》, 짐 콜린스Jim Collins
《승려와 수수께끼The Monk and the Riddle》, 랜디 코미사Randy Komisar
《더 골The Goal》, 엘리 야후 골드랫Eliyahu M. Goldratt, 제프 콕스Jeff Cox

#창업가의 일 찾아보기

등장인물

지은이 **임정민**

신세계에서 스타트업 투자를 맡아 사람들의 삶을 더 풍요롭게 만드는 기술과 창업가에 투자하고 있다.
지난 20년간 한국과 실리콘밸리를 오가며 벤처투자와 스타트업 창업을 했다. 2018년부터 실리콘밸리의 벤처캐피털 500스타트업의 파트너로 한국의 여러 스타트업에 투자했으며, 2015년에는 구글캠퍼스서울의 초대 총괄을 맡아 많은 창업가들에게 조언과 영감을 주었다.
KAIST에서 산업공학 학사 학위를 취득했으며, U.C.버클리에서 산업공학 석사 학위를, 스탠퍼드 대학교에서는 경영과학 및 공학 석사 학위를 취득하였다.

표지 디자인 **윤반석**

디자이너 일을 하다 디자인 컨설팅 회사 데어즈와 패션 인플루언서들과 브랜드를 연결하는 서울스토어를 창업했다.

일러스트 **손서영**

카이스트 문화기술대학원을 졸업하고 디자이너로 일하다 머신러닝 기반의 챗봇을 만드는 스타트업 초기멤버로 합류해 프로덕트 매니저로 일하고 있다.